# 植民地教育とはなにか

——現代日本を問う——

佐野通夫

三一書房

——目次——

# プロローグ

〈日常の断片から考えてみよう〉

ここでは、これから「植民地教育」を考えていこうとしますが、そのはじめに、直接「教育」と関係するのかとも思われるような日常生活のいくつかの断片から話を始めたいと思います。

あるとき、ある国際電話会社から中国語、日本語が表記された明細書が送られてきました。日本の国際電話の利用者の中で、中国語使用者が多くなったのだなと思いました（表記は香港・台湾で用いられている繁体字（日本でいう旧字体）でした）。日本語が表記されていますから何も問題はありません。ところが、その後、その会社から次のような書状といっしょに新しい明細書が送られてきました。

「このたび先にご送付いたしました……明細書のご案内が、私どもの不手際によりまして、お客様からのお申し出がないにもかかわらず、中国語との併記になりました件につきましては、大変ご迷惑をおかけしましたことを深くお詫び申し上げます。（略）なお、和英表記に訂正いたしました案内書を再送付させていただきましたので、よろしくお願い申し上げます」

私が英語表記の明細書を求めていて、他の言語の明細書が送られてしまったのならば「お詫び」しなければならないでしょう。私は日本語で送られてくれば十分です。なぜ、日本語と中国語の表記では「お詫び」しなくてはならず、「勝手に」日本語と英語併記の明細書が送られてくるのでしょうか。こちらの指定がないのですから、日本語が明確に表記されていれば、他の言語は何が表記されていても、表記されていなくても同じことではないのでしょうか。

私と同世代（一九五〇年代生まれ）の沖縄の友人は、ウチナーグチ（沖縄語）で考え、日本語で表現すると言いました。彼の娘（一九八〇年代生まれ）は、ウチナーグチは聞いて分かるけど、話せないと言います。テレビが普及するまでは、誰でも母語（母の言葉）を先に覚えました。テレビが普及してしまった今では、誰もが赤ん坊のときから、共通語にひたっています（テレビとラジオは違います。ラジオを理解するためには、言語世界が先に作られていなければなりませんが、テレビは言語の分からない子どもでも画面で引きつけることができます）。

香川県多度津町に「一太郎やあい」という像があります。港を見下ろす丘に立つ右手を上げた女性の像です。一九二〇年の国定「国語」教科書巻七に載った話がもとになっています。「日露戦争当時」「軍人をのせた御用船が……港を出ようとした其の時、」ある「おばあさん」が「一太郎やあい。其の船に乗っているなら、鉄砲を上げろ」と叫びま

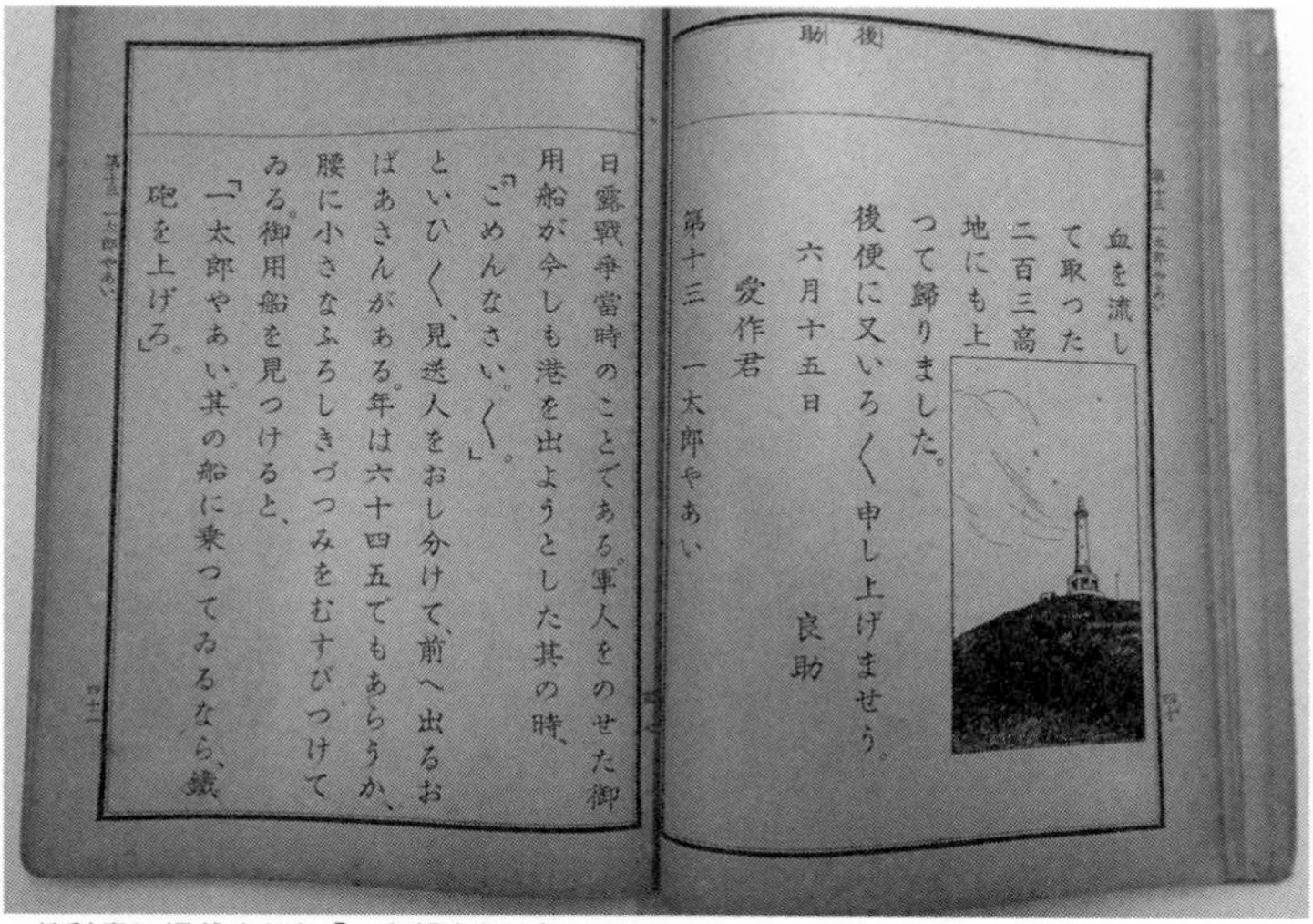
血を流して取った二百三高地にも上つて歸りました。
後便に又いろ〳〵申し上げませう。
六月十五日　良助
愛作君
第十三　一太郎やあい
日露戰爭當時のことである。軍人をのせた御用船が今しも港を出ようとした其の時、
「ごめんなさい。〳〵。」
といひ〳〵、見送人をおし分けて、前へ出るおばあさんがある。年は六十四五でもあらうか、腰に小さなふろしきづつみをむすびつけてゐる。御用船を見つけると、
「一太郎やあい。其の船に乗つてゐるなら、鐵砲を上げろ。」

教科書に掲載された「一太郎やあい」

す。それに応えた者があるとおばあさんはこうさけんだことになっています。「うちのことはしんぱいするな。天子様（天皇）によく御ほうこうするだよ。わかったらもう一度鉄砲を上げろ」。この銅像は、一九三一年に建てられますが、第二次世界戦争中、「金属回収ニ供出」されます。ところが、現在そこには像があるのです。そしてこう記されています。「真ノ母性愛ヲ表徴セルモノニシテ永遠ノ平和ヲ記念センガ為再調シタルモノナリ」。もともと子を思う母の行動であったものが、軍国の母として教科書に載せられ、銅像になり、それが再び「母子愛」とされるというように、歴史が二重に偽造されています。

一九九六年三月一七日の『朝日新聞』にはかごを担いだおばさんと「ポレポレ　半日かけて市場まで歩く。半日かけて市場から歩いて帰る。母たちが子供《ママ》の頃、そんな暮らしがあった」という文字のみ大きく記した全面広告が出ました。商品名等はいっさい出ていません。隅にJTと記してあって、日本タバコと分かるのですが。彼女の言葉として記されているのは、「ポレポレ、ポレポレ……。バスが走るようになった今でも、時々こうやって歩くのよ」という言葉です。アフリカで暮らす人たちにとっても、当然ながら歩くよりは車の方が楽です。でもバスが通っていてもそのバス代が稼ぎたいというか、一日かかっても、バ

浅野校長殺害　治安揺らぐアフリカ

自衛に悩む邦人社会

金銭情報は絶対秘密

庭に大型犬／警備会社／連絡網作る

浅野さんに児童ら別れ

『朝日新聞』1995年8月22日

ス代を使うよりは、使わない方が良いという人たちがいます。それを勝手にこのような思い入れにして広告にしています。

同じく『朝日新聞』の一九九五年八月二二日には、ナイロビの日本人学校長が殺されたという記事が出ています。その見出しは「治安揺らぐアフリカ」「自衛に悩む邦人社会」「金銭情報は絶対秘密」「庭に大型犬／警備会社／連絡網作る」となっています。この直後、京都で拳銃乱射事件が発生しました。それを報道するとき、「治安乱れるアジア」という書き方をするでしょうか。日本に自分がアジアだという意識があるかは別にして、ナイロビでたまたま日本人が殺されて、それで、アフリカ全体の治安が乱れてしまうのでしょうか。アフリカの中にも多様性があります。治安が悪くなったのは、都市化しているからです。以前の農村社会であれば人と人との関係が見えていますから。あぶないのは、街になっているからです。また、アフリカの中で日本人はどんな暮らしをしているか、だから殺されるんだという事は、この記事からは見えてきません。

一九九七年七月二日の韓国『ハンギョレ新聞』は、「97ホンコン・チャイナ」の見出しの下、香港の中国復帰を記事にしました。写真面の一番上は香港総督が英国国旗をたたんで帰るところでした。アジアにおける英国の植民地支配の終わりを象徴する場面であるのに、日本の新聞では目にすることがありませんでした。

〈考える言葉は？〉

私がこれからお話しするジンバブエに一九九四年から九五年まで滞在して記した『アフリカの街角から』（社会評論社、一九九八年）に次のようなある本の批判を記しました。「川端正久『アフリカの政治を読む』（法律文化社）を読みました。一九四四年の生まれというから、僕より一〇歳上。一九八二年四月から八三年三月までダルエスサラームに滞在しての話、タンザニアの独立は一九六一年だから、独立後二一年というところ。逆に彼の滞在は、年齢的には現在の僕より若干若い時期という事になると思います。読んで、これが政治学者というものなのかな、とも思いました。タンザニアの政治を批判しているのだけど、その観点はいわゆる西欧近代の思想。一番の問題は、植民地支配という過去を前提に、社会を歴史的に考察するという事がありません。引用資料はほとんどがヨーロッパのアフリカ研究や報道。僕はまだタンザニアに行っていないから、その社会がどんなであるか、語る事は出来ませんが、何か僕が昨年朝鮮民主主義人民共和国に行って共和国びいきと言われた批判（？）と、同質のもの（社会主義、民族主義に対する批判）を感じました。彼は僕より英文は自由に読みこなすかも知れないけど」。ちなみに、私の滞在した当時のジンバブエは同じく独立後一四年ほどでした。

初めに記した英語併記の請求書であればよいという話。「研究者」がヨーロッパの文献に依拠してものを言うこと。そのような現代日本の、特に「学問」の植民地主義的偏見、もしくはヨーロッパからの「学問」に偏った現象の一つとして典型的に現れているのが、「人」と「族」の使い分けです。新聞などは、民族集団がヨーロッパにあれば「人」(例えば「クロアチア人」)、アフリカにあれば「族」(例えば「フツ族」)と徹底して使い分けています。「人類学」なり、「民族学」と称する「学問」が相手を「部族」と決めつけ、自分は「民族」であると称しています。そして「民族」には「〇〇人」の「尊称」を与え、「部族」は「〇〇族」と称するのだとしています。

歴史を学ぶ営みは、本来現在を知るための営みでしょう。いま記した断片からみなさんは何をお感じになるでしょうか。

二〇世紀、植民地と無縁の地域は地球上に存在しませんでした。すなわち、植民地にされた側であるか、植民地にした側であるかです。地球上の全ての地域がこのように二分されていました。そうであれば、歴史を学ぶことは、植民地との関わりをもたずにはなされえないことになります。しかし日本の歴史教育において、「世界史」という科目には日本が出てきません。「日本史」という科目には世界が出てきません。「日本史」と「世界史」は別個に組み立てられていて、それぞれ別の世界があるかのようです。もちろん、そんなことはありえません。日本の歴史も世界の動きの中に存在していますし、世界の動きも日本を遠く離れた小島にはしてくれませんでした。世界史のない日本史は「国史」です。「国史」は歴史科学ではなく、一つの建国神話になってしまいます。「建国神話」に関連していうと、第二次世界戦争前の日本では、特権的な大学教育と一般的な初中等教育は分けられていて、初中等教育では天皇が雲に乗って降ってくることを信じ込まされていても、大学では航空力学を学び、飛行機の設計をしていました。現在の「大学」はどうでしょうか。

## 〈「植民地」とは？〉

本書の主題は「植民地」です。「植民地」とは何でしょう。一般的に国家の基本は、主権・領土・人民といわれています。ある定まった場所に、人びとが住んで、そしてその人びとを束ねる権力があるということです。場所と人びとは目に見えます。権力というものは目に見えませんが、たとえば日本の中では貨幣として円が使われ、人びとは右側通行します。国の境を超えて、隣の韓国に行けば、円はそのままでは使うことができず、ウォンに両替しなければなりません。そして道を歩くときには左側を行かなければなりません。言葉も違うではないかと考えられるかもしれませんが、世界には一つの国の中で多くの言葉を使う国がほとんどです。ですから、そのような同じ言葉を使うというような自然なまとまり（民族）でなく、人工的に決められた社会のまとまりが国家であるということになります。

そのような社会のまとまりの中で、主権を奪われた場所を植民地と言います。国家の中で、支配する者は日本の天皇のように空から降ってくる（という神話をもとにする）ことはありません。ですから、主権は必ずしも民主的に選ばれた者が担うということではありませんが、少なくともそのまとまり（共同体）の中での神話なりに基づいて、そのまとまりの中の者が担っているという建て前でなければなりません。その主権が、明らかにその共同体の外から来た者によって担われているとき、その共同体は主権を奪われた。その主権を奪った者の植民地になったということができます。

上に挙げた例でいえば、香港はもともと中国の一部でした。ところが、中国の王様が香港をイギリスに譲り渡してしまいました。そのような領土の一部を他者に譲り渡すような者が王様として存在しているという王様の選ばれ方はともかく、「中国」として意識されていた土地と人びとの一部がイギリスに譲り渡され、香港の人びとは自分たちで国のあり方を決めることができず、イギリスの王様（その代理人としての総督）がすべてを決めるという状況に置かれていたのです。

日本は、朝鮮を植民地にしました。王様がいた朝鮮という国家の王様の権限を奪って、日本の王様・天皇の代理人である朝鮮総督を置きました。朝鮮の人びとは、自分たちの民主的な国を作ることもできなくなりました。これから見ていくように、教育の制度も自分たちで決めることができなくなりました。このような植民地で行なわれた教育を「植民地教育」といいます。

近代の教育はもともと、政治権力の支配の道具であるということもできます。国家イデオロギー（国家という概念）を人びとに植え付けて、共通語で話すようにさせ、近代の「時間」によって生きる労働者を作り出し、そして、その労働者を、その「能力」によって選別するのが、近代の「国民教育」です。そのような、一つの国の中の教育の働きだけでなく、「国家」の外の者を支配する道具としての「教育」はどのように認識されるべきでしょうか。「現在では、アフリカの学生たちが、ヨーロッパ人がケニア山を発見しただの、ニジェール河を発見しただのという考えを笑うことができる」というウォルター・ロドネーの言葉（北沢正雄訳『世界資本主義とアフリカ』大村書店、一九七八年、二九五頁）に、自ら気付く日本人は、どれくらいいるでしょうか。

植民地を持った国の側では植民地の人びととの対等な関係を認識することができなくなりました。人間は、どこにどう生まれても同じ人間です。そのような人間同士の対等な関係に気付くことができず、相手の人を軽蔑してみる風潮が拡がりました。

このように、世界への「認識」を作り出していく「学問」、それ自体が、欧米の支配のための「学問」として存在していました。欧米だけでなく、日本も、欧米の支配に「追いつく」ために、その欧米の「学問」体系を取り入れてきました。

本書では、「教育」と「植民地」についてアフリカのジンバブエ、そして朝鮮の植民地支配から考えていきたいと思います。

# 第一部

# 植民地教育ということ

## 1．アフリカ、そしてジンバブエ

一九九七年、講談社現代新書から『新書アフリカ史』（宮本正興＋松田素二編）という本が出ました。その冒頭「アフリカから学ぶ」に次の一節があります。「ブラック・アフリカの諸民族の圧倒的多数は固有の文字を発明しなかったのであり、自らの手で自らの歴史を文献によって後世に残すという方法を編み出さなかった。（略）この事情を反映して、なによりも文献資料を最重要視する西欧近代主導の歴史記述にあっては、アフリカには歴史がない、ヨーロッパ人がアフリカにやって来るまで、その心臓は鼓動すらしていなかったなどという言説がまことしやかに信じられてきたのである。アフリカの歴史は外部世界の資料を使って、外部世界の人間が書き上げることとなった」（一一頁）。

人間の社会で、ある世代が次の世代に自分の文化を伝えていくのは、人間の社会が人間の社会として続く以上、当然な教育の営みです。しかし、植民地にされた土地においては、それ以前に存在していた文化を、それは文化でないという形で否定され、支配権力が持ち込んだものだけを教育とします。文化を否定し、収奪します。

さらに植民地にしたということは、経済的な大きな格差、低開発を作り出したということです。学問研究で言うならば、南アフリカを除いて（厳密に言うならば南アフリカで大学に進学できる人間を除いて）、アフリカの学生が何かを発信するのは不可能な状況にあります。大学でも十分な数の教科書がありません。日本の創設の頃の帝国大学のように、先生が講壇の上で口述して、それを学生が一生懸命筆記して、そしてそれを一生懸命覚えて試験に向かうというのが精一杯です。現在の日本やアメリカ、その他の「先進国」で行なわれているような、学生たちが「自発的に」さまざまな教材、コピーその他を多用して、「自発的な」学問研究を創造していくということは、大学院にいたっても困難な状況があります。そのような中で、大学教員はどこで作られるかというとヨーロッパへの留学という形で作られます。そうするとアフリカ諸国からの発信ではなく、「学問」はヨーロッパからの発信であり、それを受け止めていくものであるという状況を乗り越えていくことは難しくなります。

〈ジンバブエとは〉

かつての「アパルトヘイト」（人種分離、もともとアフリカ人の住んでいた土地を後から来たヨーロッパ人が勝手に区分して、アフリカ人の立ち入り禁止区域を作りました）で有名であった南アフリカのすぐ北にジンバブエという国があります。三九万平方キロメートルという日本とほぼ同じ面積に約一〇〇〇万の人々が住んでいます。一〇〇〇万の人々の内、ショナ語を話すショナ人が八〇〇万、デベレ語を話すマタベレ人が二〇〇万、そして九万の英国系の人々、一万のアジア系の人々が暮らしています。一九八〇年まではここも白人によって支配されたアパルトヘイトの国でした。当時の名前を「ローデシア」と言います。「ローデシア」と言う名前はこの地を支配していた英国人セシル・ローズによるものです。

ジンバブエは内陸の国ですから、南アフリカ等と違って、白人が入り込んできたのは、それほど早い時期ではありません。一九世紀の末、日本が朝鮮を侵略する時期と重なるということができます。ジンバブエという国名は、大きな石の遺跡、大きな「石の家」を意味するショナ語から来ています。この石の遺跡、現在グレート・ジンバブエと呼ばれる建物が作られたのには、一〇七五年から一三〇〇年の間で、一四五〇年までは町として人々が生活していたようです。当時の南部アフリカ最大の都市であったというように言われます。

一五〇五年にはポルトガル人がソファラ（今のモザンビーク）にやってきたりしますが、ジンバブエの内陸まではやってこなかったようです。

ジンバブエの状況が変わってくるのは、一八七〇年にこの地でダイアモンドや金が発見されてからです。一八九〇年にセシル・ローズがやってきて、ここに「ホワイト・ローデシア」を作るのだと言ったあたりが植民地化のはじまりといえるでしょう。

アフリカ諸国
（ジンバブエは網部分）

その直後、一八九六年からチムレンガ（闘い）、すなわち白人入植者を追い出そうという闘いが始まりますが、一九八〇年まで白人支配が続きました。

植民地の歴史の中で、ローデシアは一九五三年から現在のザンビアとマラウィを合わせて「南北ローデシアとニャザランド連邦」を形成します。そのうち、北ローデシアとニャザランドにあたるザンビアとマラウィが一九六四年に独立したことから、残されたローデシアのスミス政権は一九六五年に「一方的独立宣言」を行ないます。白人政権の主張は、ちょうどアメリカ合州国がイギリスから独立したように、我々も白人の国として独立するのだということです。その象徴として通貨の単位をドルに変えます。しかし、この「一方的独立宣言」はヨーロッパの白人の国々も認めませんでした。その後、独立闘争が続いて一九八〇年二月に選挙が実施され、四月に独立します。

先に述べたように、「ジンバブエ」という名前は、ショナ語で「石の家」を意味し、一一世紀から一五世紀にかけて作られた大きな石の遺跡に由来しています。曲線で作られた、特徴を待った遺跡ですが、ヨーロッパで作られた紹介ビデオには、また、それは日本における紹介でもそうですが、「謎の遺跡」ジンバブエといったような言葉が付けられます。ヨーロッパに古い教会があるのと同じように、ここにアフリカ人が暮らしていて、一一世紀から一五世紀の間に、ここに国家を作るために、自分たちの社会を作るために、

The ruins of Great Zimbabwe. The stone tower (right) is 29 feet high. No one knows what its purpose was.
グレート・ジンバブエ遺跡

人々が暮らすために、これらの建物を作ったので、謎でもなんでもありません。しかしヨーロッパ人から見ると、ヨーロッパ人の意識の中には、巨大な建造物を作ったり、文明があるのは、ヨーロッパ人だけだ、それ以外の者が、そんなものを作れるわけがないのだ、アフリカにそんなものがあるのは、謎だという事になります。それが、植民地支配をした人びとの意識です。

現在のジンバブエ国旗には、植物を現す緑、地下資源を現す黄、解放闘争の血を現す赤、人々を現す黒の横線と、左側に平和を現す白い三角形があり、その中に未来の希望を現す赤い星がおかれ、さらにその星の真ん中に「我々の祖先と長い歴史」を現すジンバブエ・バードが記されています。このジンバブエ・バードはこのジンバブエ遺跡から出土したもので、国章の中心にされ、切手の中にも、コインの中にも記されています。

しかし、日本に住む私たちの世界認識、世界の見方の中にも、白人によって作られた世界認識、世界の見方が入り

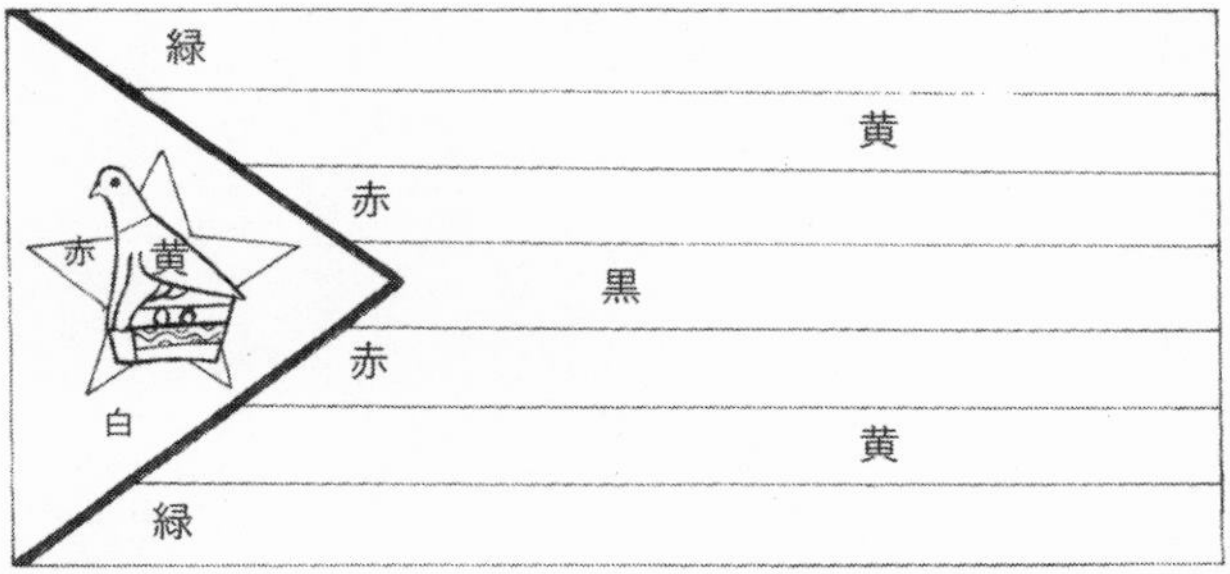

ジンバブエ国旗

込んでしまっています。ジンバブエ遺跡を「謎の遺跡」というのと同じように、法隆寺なり、正倉院なりを「謎の遺跡」と言われたら、日本の人びとはどう思うでしょうか。しかし、アフリカ人の建造物については、そのように言うことを不思議に思わないで、日本におけるジンバブエ遺跡の紹介にも同じ言葉が使われています。

さて、このジンバブエ遺跡は高さが百メートル以上ありますから、一人の人間の力で作ることのできるものではありません。大勢の人の力が合わさっています。それは、法隆寺でも正倉院でもそうです。多くの人

●ジンバブエ様式の遺跡　▲カミ様式の遺跡
＊外周円はほぼ現在のジンバブエの領域

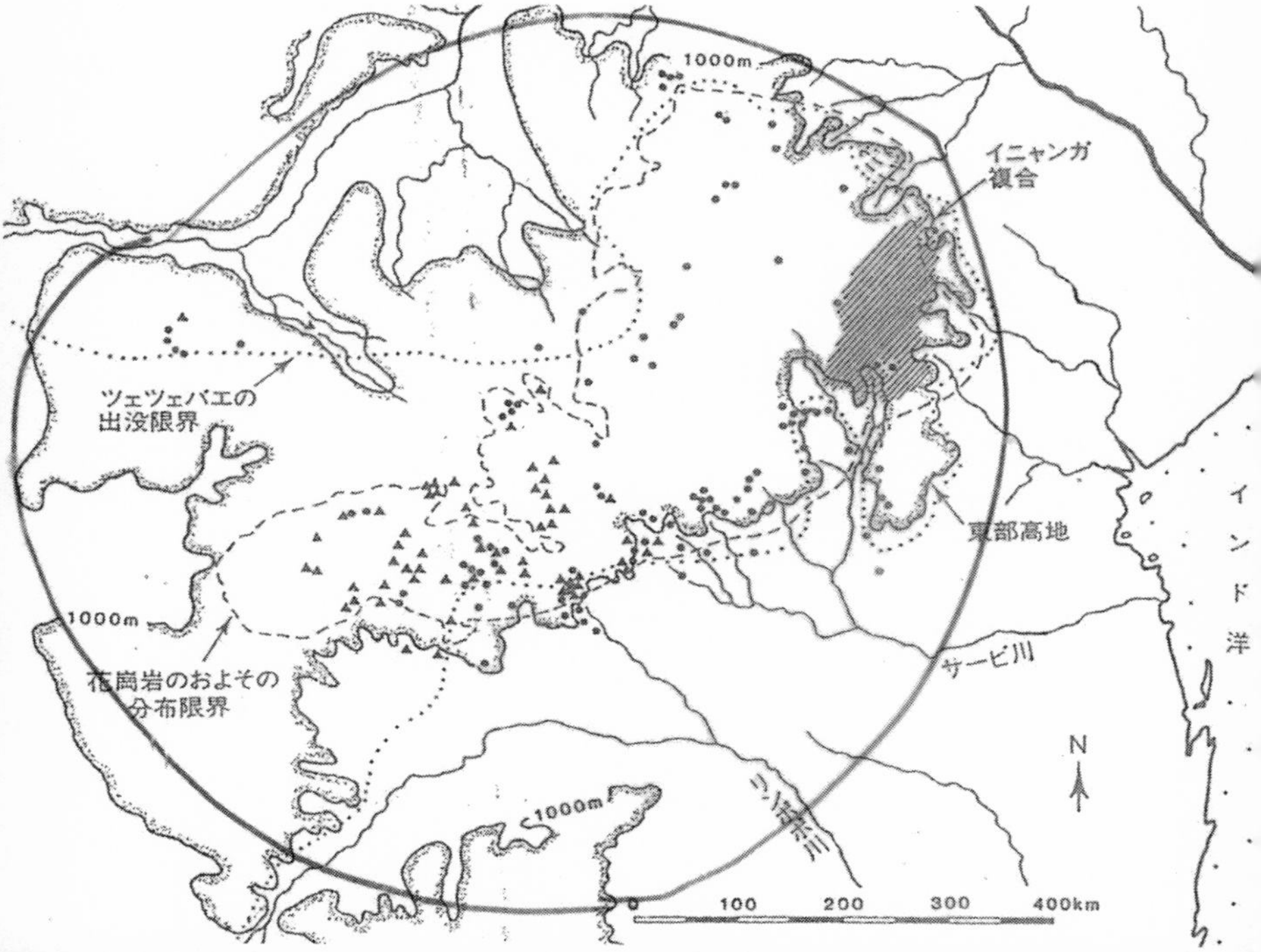

を組織する力があって、現在でいう、国家のようなものがあったわけです。

また、人々を組織したばかりでなく、ジンバブエ様式の遺跡というのは、現在のジンバブエ国内に、かなり広く分布しています。またカミという別の様式の遺跡もあって、そのカミ様式の遺跡も広く分布しています。ということは、ヨーロッパ人が考えるように、たまたま「謎の遺跡」ができあがったというのではなくて、そのような建造物を作る技術が、現在のジンバブエ各地に伝播したということです。現在の教育の形、現在の学校教育ではありませんが、人々に知識、技術を伝える教育が存在していたということです。

ところで、現在、ジンバブエ遺跡からは、中国の陶器が出土しています。アフリカから中国までは遠く思いますが、現在のように自動車や飛行機ができる前は、船というのが遠くまで移動できる唯一の手段であったわけで、船を利用すれば、いろんな品物を長い距離運ぶ事ができました。現在ジンバブエは内陸国ですが、当時は海岸に出て、貿易する事ができたわけです。ちなみに島国というのは、閉鎖性の象徴ではなくて、文化の集まるところです。ですから沖縄には豊かな文化が集まっています。日本が自らの閉鎖性を「島国」だからというのは、全くのうそ偽りで、島国であれば、豊かなものが集まっているはずです。

### 〈植民地における教育は〉

改めて、アフリカ植民地における教育を振り返ってみましょう。ザンビア大学のアンス・ダッタは次のように記しています。

「植民地統治の初期、アフリカの宣教師たちは全く教育のない人々に教育を持ち込むのだと信じていた。教育という言葉が、識字および学校制度と等しいものだと仮定すれば、その通りであろう」（Ansu Datta *Education and Society: A Sociology of African Education* Macmillan 1984 p.2)。

このように「文化」の衝突、「近代教育」の押し付けは、植民地において明確に見る事ができます。この後述べる朝鮮植民地の例でも明かなように、植民地では一つの文化の抹殺が「学校」の力によって行なわれようとしました。そして、このような「文明」観の押し付けは植民地内でのみ行なわれたのではありません。プロローグで述べた「世界認識」の例から分かるように、植民地宗主国の人間の認識にも影響を与えています。植民地列強が他者の土地を植民地化していったのは、「遅れた」土地を「文明」化しようとしたからではありません。その土地が「豊か」であったからです。

植民地にされた土地での教育は、どのような姿をしていたでしょうか。ジンバブエ独立前、植民地時代の教育は分離教育でした。少数のヨーロッパ系、アジア系、混合人種コミュニティの子どもには義務無償の総合教育が保障され、そのことは大人になってからの優位な地位を保障しました。それに対しアフリカ系の子どもにはキリスト教への改心を促進し、安価な労働力として必要な基礎技術を備える教育がキリスト教のミッションによって細々となされただけでした。ジンバブエの小学校三、四年生用の歴史教科書（*A Picture History of Zimbabwe*, Zimbabwe Publishing House,1982）は「教育」という項目を立てて、次のように子どもたちに問うています（この教科書は子どもたちが作業をしながら、ジンバブエの歴史を現在から過去に向かって学習するように構成されています）。

多くの独立闘争の闘士たちは学校に席を得られなかった若者たちでした。すなわち彼らの親たちは彼らを学校に送る金がなかったのです。学校に行くアフリカ人の子どもたちはほとんどいませんでした。アフリカ人の子どもたちに席を与えた

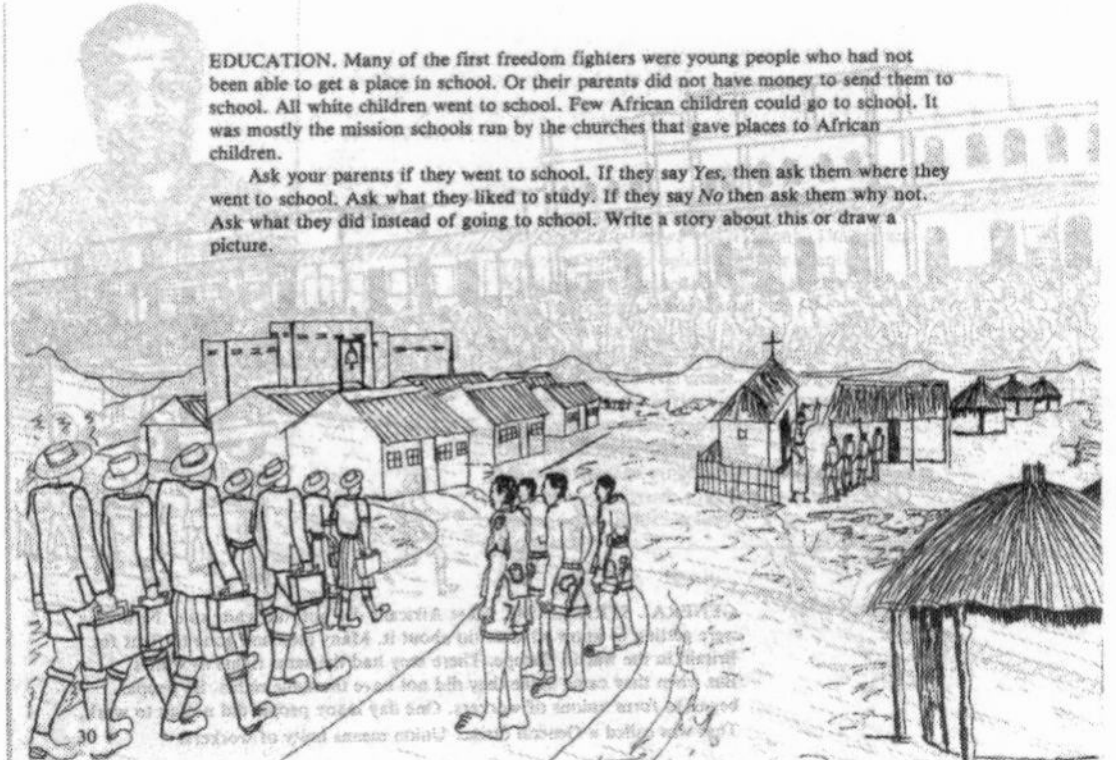

EDUCATION. Many of the first freedom fighters were young people who had not been able to get a place in school. Or their parents did not have money to send them to school. All white children went to school. Few African children could go to school. It was mostly the mission schools run by the churches that gave places to African children.
Ask your parents if they went to school. If they say *Yes*, then ask them where they went to school. Ask what they liked to study. If they say *No* then ask them why not. Ask what they did instead of going to school. Write a story about this or draw a picture.

*A picture History of Zimbabwe*

のは、ほとんど教会によって運営されるミッションスクールでした。

あなたの親に学校に行ったかどうか聞いてみなさい。もし彼らがイエスと答えたら、どこの学校に通ったか尋ねなさい。もし彼らがノーと答えたら、なぜ行けなかったかを尋ねなさい。学校に行く代わりに何をしていたか尋ねなさい。このことについて話を書くか、絵を書きなさい。

そして、制服を着て学校に通う白人の子どもたちとそれを見るつぎの当たったアフリカ人の子どもたち、そして十字架のたった小屋に集められた子どもたちの挿し絵が描かれています。

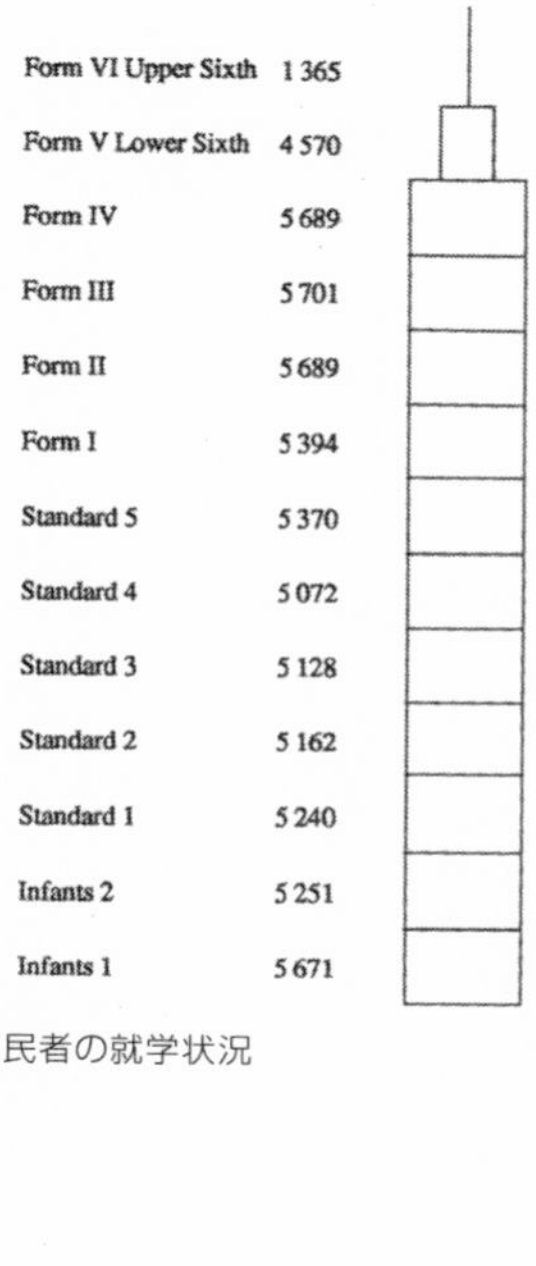

植民者の就学状況

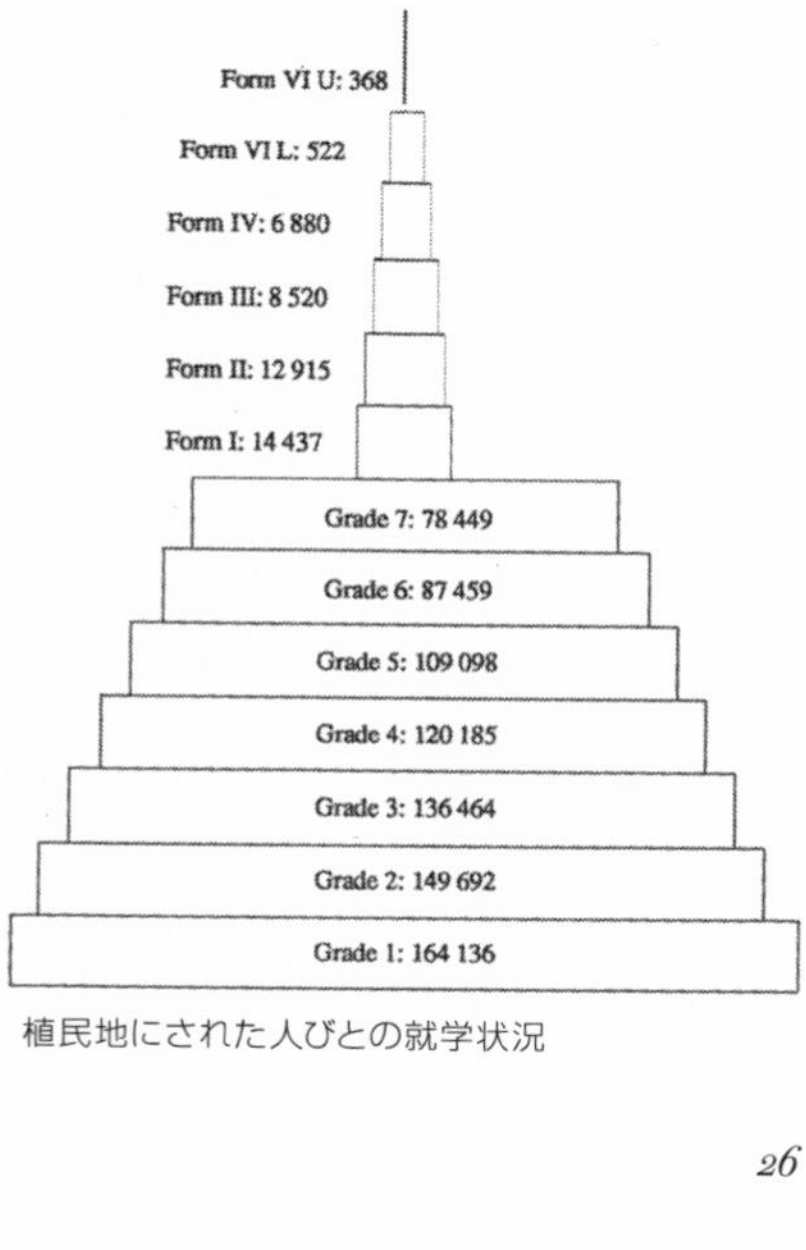

植民地にされた人びとの就学状況

植民地下ジンバブエ（ローデシア）では、白人は中等四年までほぼ全員が進学しました。それに対して黒人は、一六万人が初等一年に入学しますけれど、学年が上がるにつれ減少して小学校七年を終える段階で、半分以下になってしまいます。そして中等教育に進む者は、初等一年生の一割、中等六年を終える者は、わずか実数にして三六八人、かたや白人で中等六年を終えた者は一八六五人です。当時の黒人人口は、六〇〇万人、白人人口は一番多いときで二八万人です。黒人は白人の二〇倍いたわけですが、中等教育を終える者は、白人が黒人の五倍いたわけです。

このことの結果として、独立直後の一九八一年の全国労働力調査によると、ヨーロッパ系、アジア系、混合人種は専門熟練職種に、それに対してアフリカ系は準熟練か、非熟練の雇用に従事しています。

先に述べたように、植民地にされた人々の就学は高い中途退学率を示して、上学年になるほど少ないピラミッド型の就学構造になっていました。植民者と植民地にされた人の教育段階に差をつけ、特に植民地にされた人の中等・高等教育を制限したことは、教育終了後の就職時に、教育年限の違いを理由として、被植民地人に植民者より低い待遇を与える目的があります。

このように、植民地における「教育」は、植民地化以前の「教育」、すなわち社会が次の世代に、その知識を伝達していくという、当然に存在する「教育」を否定し、新たに植民地宗主国が持ち込んだものだけを「教育」として認めるという形を取りました。植民地宗主国が来る前に存在した「教育」は、朝鮮におけるように「学校」の形態をとっていたり、ジンバブエのようにとっていなかったりしました。宗主国によって持ち込まれたものも、「政府」の学校という形であったり、「宗教団体」による学校だったりしました。

ダッタは植民地教育の特徴を次の点に求めています。

「内容においては、完全にヨーロッパに片寄り、一般教養に重点を置き、職業、技術、専門教育を無視した」。

「子どもたちの多くは、学校を短い期間で辞め、せいぜい少しの読み書きができるだけだった」。

「中等教育は無視された」(*Ibid.*, pp.16-18)。

ちなみに、アフリカの伝統教育の特徴については次のように記しています。

(a)イスラム教育が用いられているところを除いて、アフリカの伝統社会は一般教育に関する限り、制度化されない教育に重点を置いていた。イニシエーション(集団や社会で、正式な成員として承認される儀式)とイニシエーション後の教育は高度に制度化され、数ヵ月あるいは数年に渡って行なわれたのは事実であるが、これらはある年代の若い人々にのみ行なわれた。
(b) 近代教育と比較すると、アフリカの伝統教育は限られた特殊な訓練に特徴がある。
(c) ムスリム教育を除いて、一般教育のための専門のフルタイムの教師という存在はなかった。
(d) コーラン学校を除いて、教育は多くの場合、口頭のコミュニケーションを通して行なわれた。
(e) 教育は実際的で、特定の状況に向けられていた。抽象的な理論や一般化はほとんど行なわれなかった。
(f) 宗教、倫理、そして教育は分かち難く統合されていた。
(g) 新しい考えや技術について、伝統教育は基本的に保守的であった。(*Ibid.*,pp. 13-14.)。

そして、植民地教育のもう一つの問題は使用される言語です。ローデシアでは英語による教育が行なわれ、植民地朝鮮では日本語による教育が行なわれました。ケニアのキクユ語作家グギ・ワ・ジオンゴは植民地支配について、次のように記しています。

「その支配の最も重要な領域は植民地化された人びとの精神世界であり、文化を通して、人びとが自己ならびに世界との関係を認知する方法を支配したのである」。「土着言語の話し言葉も書き言葉も抑圧されたアフリカ人児童は言語の三つの側面ととりかわしていた調和を破壊されてしまったのだった。……新しい言語は、……共同体の現実生活を正しく反映し、模倣することはできなかった」「自分本来の言語が低劣な地位、屈辱、体罰、ぐずな知性や能力、もしくは愚鈍そのもの、蒙昧、野蛮とつながっている」（グギ・ワ・ジオンゴ、宮本正興・楠瀬佳子訳『精神の非植民地化』、第三書館、一九八七年、三八〜四一頁）。

## 2. 朝鮮の教育

ここでは上に述べたジンバブエの状況を日本との対比で知るために、朝鮮の植民地教育について、簡単に触れておきましょう。

〈日本の明治以降の対外侵略と朝鮮〉

明治維新によって、天皇制に基づく国家を打ち立てようとした日本は、明治維新の半年後にはアイヌ民族の土地アイヌモシリを北海道として日本に併合（一八六九年）し、一八七二年から七九年にかけて琉球王国をつぶして日本のものとします（琉球処分）。朝鮮には、朝鮮・日本両国の間の歴史的な外交関係を踏みにじって、朝鮮に「開国」を迫ります。日本は軍艦「雲揚号」を差し向けて、朝鮮の領海を侵犯し挑発します（江華島事件、一九七五年）。翌一八七六年、この江華島事件を口実として、艦隊を派遣し、武力で脅して、不平等条約である「大日本国大朝鮮国修好条規」を朝鮮に押しつけます。そして、一八九四年の日清戦争を通して、朝鮮を植民地化しようとします。

当時の朝鮮内での教育状況を見ると、一九世紀の半ばには庶民を対象とする初等教育施設である「書堂」が全国に普及していました。また、この時期にはアメリカ・キリスト教宣教師による私立学校の開設もなされています。一八八五年の培材学堂、儆新学校、一八六六年の梨花学堂などです。これらの学校はその後の日本の支配の下での抵抗の基盤の一つとなります。朝鮮国王もこれらの学校の学校名を作り、額を授ける等の対応を行なって、これらの私立学校を援助しました。

一九〇四年二月八日、日本陸軍が仁川に上陸し、日露戦争が始められました。日露戦争という名ですが、戦場となったのは朝鮮であり、上陸したのも朝鮮の仁川でした。日本は朝鮮の政治を支配するために、「日韓議定書」（二月二三日）、「第一次日韓協約」（八月二二日）、「第二次日韓協約」（「乙巳保護条約」、一九〇五年一一月）などを押しつけて、朝鮮の政治的な自由を奪い、日本政府の代表者として統監を韓国におきました。統監とは、「外国人ニ関スル事務」とともに、「韓国ノ施政事務ニシテ外国人ニ関係アルモノヲ監督ス」（一九〇五年勅令二六七号）と定められて、朝鮮の政治を支配することができ、かつ韓国守備軍の兵力の使用もできる機関でした。一九〇七年には、日本は「第三次日韓協約」を締結させて、日本人を韓国官吏に任命させるようにしました。このようにして朝鮮の独立は名目的なものになっていきましたが、一九一〇年、朝鮮の名目的独立をも奪う「韓国併合ニ関スル条約」が締結されました。

もちろん、朝鮮の人びとの抵抗は続きます。日本に対して武力で闘おうとした「反日義兵闘争」とともに、「愛国啓蒙運動」が活発化しました。「愛国啓蒙運動」というのは日本の支配に反対して、言論、出版、教育、民族産業の育成などの活動を通じて民族意識を高揚させ、国権を回復（独立）しようという民族運動です。主な担い手は都市の知識人、学生、民族資本家などでした。統監府を設置して、朝鮮の政治の実権を掌握した日本は保安法・新聞紙法（一九〇七年）、学会令（一九〇八年）などの弾圧法規を作って、「愛国啓蒙運動」を激しく圧迫し続け、一九一〇年の韓国併合を機に諸団体、学会を解散させました。

〈植民地に向けた教育〉

このような政治情勢であったので、このころの教育には、二つの動きがありました。一つは、日韓協約によって、朝鮮の政治に関与するようになった日本人官僚による学校制度の整備と、その改編です。他の一つは、先に述べた「愛国啓蒙運動」の中での学会活動、そして私立学校の設立です。

韓国政府、そして日本の動きとしては、一八九五年二月二日、「教育立国の詔勅」が出されています。「詔勅」に引き続いて、同一八九五年四月一六日に「漢城師範学校官制」、七月二三日に「漢城師範学校規則」、七月一九日に「小学校令」、「小学校教則大綱」、翌一八九六年二月二〇日に「補助公立小学校規則」と学校制度に関する法令が続々と出されています。このときの小学校は尋常科三年、高等科二、三年でした。

一九〇五年の日韓協約によって、日本が学部に参与官を置いてからは、一九〇六年八月二七日に、「高等学校令」「外国語学校令」「普通学校令」等の一連の学校関係の勅令が出されました。この時点から、小学校の名前を変えた普通学校（小学校というと、中高と続くものと考えられる。しかし、朝鮮人の教育は小学校のみで良いということから小学校の名前を変えた）の教科に「日本語」が加えられ、地理、歴史において、「隣邦」が強調されるようになります。「隣邦」といいますが、地理歴史の特別の時間を定めないで、「国語読本及日本語読本に所載のものによって教授する」とされていることからも明らかなように、当然日本をさしています。また普通学校の就学年限は四年に短縮されています。短い年限で日本語と日本に関する知識を教え込もうというのです。

しかし、このように日本が朝鮮の教育制度を作っていったといっても、まだそれは少数のものでした。朝鮮が完全に植民地化される一九一〇年の時点で、普通学校数は、官立一、公立五九、私立（「補助指定私立学校」といって、政府から日本人教員一人と朝鮮人教員一人若しくは二人を派遣）四一の計一〇一校、生徒数で官公立学校合わせて一万二七三二人、私立学校に四二一四人で、その中には朝鮮総督府の学務官僚が「所謂模範教育（自分たちの支配した教育）の範囲に入らなかった」という「乙種普通学校」も含まれています。それに反して、学部の設立認可済私立各種学校は二一〇〇余校、生徒数八万余、伝統的な教育機関である書堂は一九一一年で一万六五四〇校、生徒数一四万一六〇四人で、普通学校の影響力はたいしたことはありませんでした。人びとの間では「子供を普通学校に入れると男の子は卒業後内地に連れて行って兵隊にして鉄砲の玉除けにするのだ。女子は内地に連れて行ってカルボ（売春婦）に売るのだ」という言葉がささやかれ、入学勧誘も困難でした。

〈「韓国併合」後の教育〉

しかし、朝鮮人の抵抗活動にも関わらず、一九一〇年八月、「韓国併合に関する条約」が締結され、朝鮮は完全な植民地とされてしまいます。併合後の朝鮮統治は、「武断統治」と称されますが、陸軍大将である寺内正毅が総督となって、天皇の下、全権力をふるい、憲兵警察制度といって一六二四ヶ所、一万六三〇〇人の憲兵、巡査が配置された武力支配体制でした。

朝鮮総督府の教育方針は、併合の公表された一九一〇年八月二九日の統監寺内正毅の諭告に示さ

三一独立運動を描いたソウル・タプコル公園のレリーフ

第1次朝鮮教育令施行期の学制図（1911～1922）

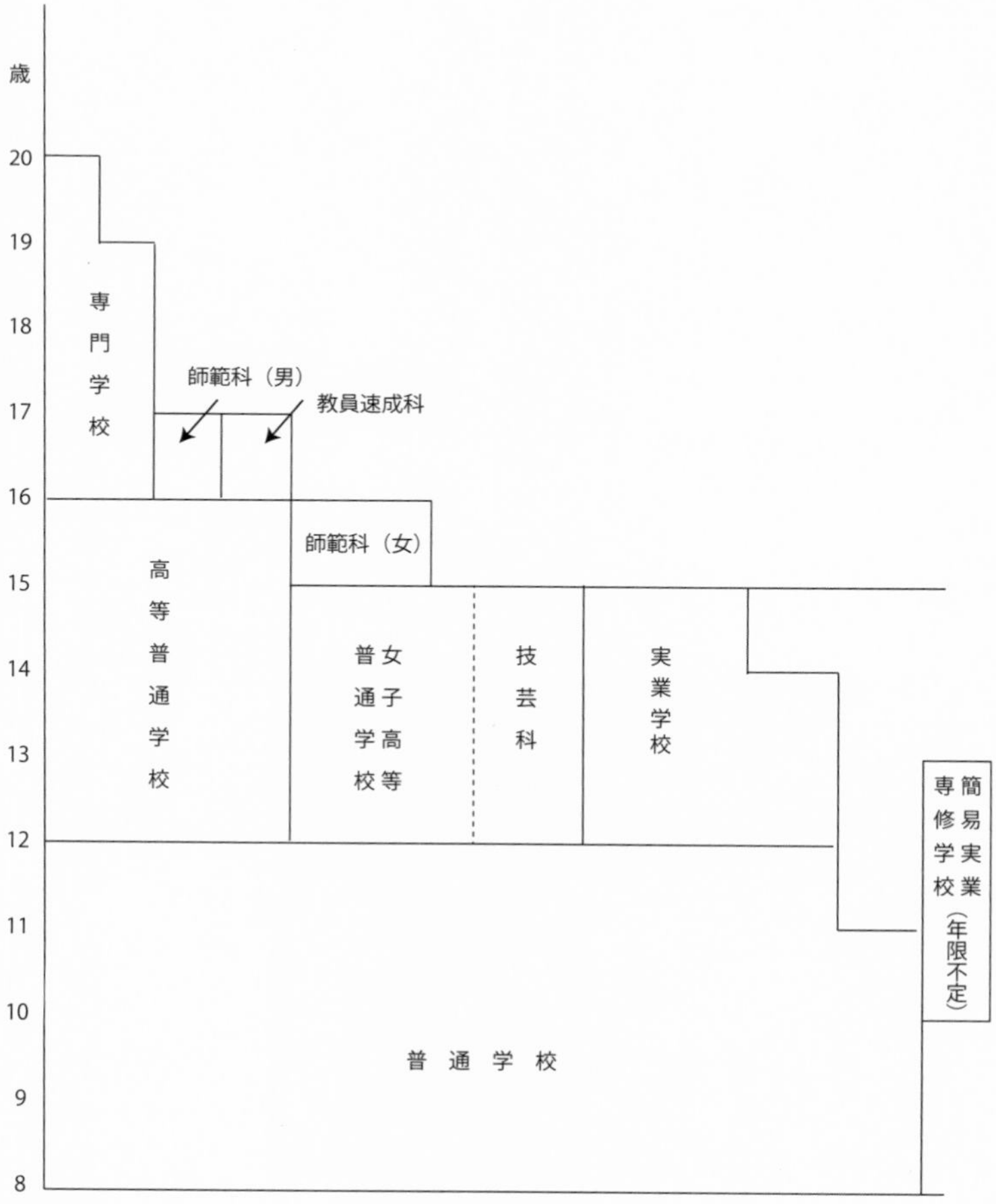

れています。そこでは、自立を望む朝鮮人の姿を「徒に空理を談し（無駄なことを言っている）」として、この土地の教育の目的を「実に就き（略）勤倹の美風を涵養する（実務的なことだけを行なわせ、よく働くようにする）」としています。また、宗教に言及して、先に述べたキリスト教系の私立学校を牽制しています。

翌一九一一年八月二三日に勅令第二二九号「朝鮮教育令」が公布されます。これは次のように始まっています。

第一条　朝鮮ニ於ケル朝鮮人ノ教育ハ本令ニ依ル
第二条　教育ハ教育ニ関スル勅語ノ旨趣ニ基キ忠良ナル臣民ヲ育成スルコトヲ本義トス
第三条　教育ハ時勢及民度ニ適合セシムルコトヲ期スヘシ

第一条に「朝鮮人ノ教育ハ」と記したので、朝鮮にいる日本人の教育はこれまで通り、日本の教育法令によって行なわれています。

制度を見ると、日本人と朝鮮人の教育目的の違いは明らかに違います。日本人の小学校六年に対し、朝鮮人の普通学校は四年、今までの高等学校を改めた高等普通学校を四年として、専門学校を含めても、朝鮮人には一一～一二年の教育しか認めませんでした。

しかし、朝鮮総督府はこれを「時勢民度ニ適合」（朝鮮教育令第三条）と称しています。

このように朝鮮総督府の作った教育制度の目的は、日本支配下の社会において、短い教育年限によって日本人より低い資格として、日本人の下で日本語を話す、補助としての植民地人を養成しようということにあったことは明らかです。

この時期、学校が植民地権力による民衆支配の道具であることを象徴することは、教員が剣をつって教壇に立っていたことです。一九一三年一〇月には、「授業服ヲ著用スルコトヲ得」という訓令が出されていますが、着剣を定めた勅令は三・一独立運動後の一九一九年八月三一日まで続きました。

〈三・一独立運動と「文化政治」〉

この間、土地調査事業、会社令などによって、日本は経済的な侵略の基盤を固めていきましたが、前に見た書堂数の増加のように、朝鮮人の側の民族意識も高まり、日本の教育を避けようとする動きも明らかでした。そして、それが全国的な一大示威運動となって展開されたものが、一九一九年三月一日の「独立宣言」に始まる三・一独立運動です。平和な抗議活動でしたが、日本の支配層は残虐な弾圧をするとともに、制度の若干の手直しをしました。これを朝鮮総督府は「文化政治」と称しました。この運動に学生たちが積極的に参加していたことも、朝鮮総督府には脅威でした。朝鮮総督府は教育による支配を広めるための学校の増設を試み、この制度改革は一九二二年、「(第二次)朝鮮教育令」としてまとめられました。

制度の手直しとしては、それまで陸軍大将であった朝鮮総督を海軍大将である斎藤実にかえた他、教育関係においては、一九二二年の朝鮮教育令改正に至るまで、以下のことが行なわれています。これらの手直しは、その名目を変えながら、実体を変えなかったものが大部分で、また植民地支配の中でそれなりの地位を保っている、植民地支配権力に忠実な朝鮮人を用いようとするものでもありました。

名目のみの変更の例として、一九二〇年になされた普通学校の六年制への延長があります。一九二〇年の第四学年には、男一万三九七九人、女一一九一人が在籍しています。しかし、一九二一年の第五学年には、男五一四八人、女三四七人しか在籍していません。しかも延長されたこの年の第六学年にも男一二〇〇人、女一九人が在籍していることを考えれば、一九二一年の第五学年は一九二〇年の第四学年がそのまま進学した者だけでなくて、第五、六学年の開設によって、卒業生の中から、あるいは他校から第五、六学年に編入した者もあるものと思われます。少なくとも収容人員の上からは、六年制となった普通学校は三分の一程度でした。制度の上からも、四年卒業で高等普通学校へ進学することになっていました。名目的に「普通学校の六年制への延長」といいながら、実態は四年制を基礎とした制度であったのです。

このような応急の部分的手直しに続いて、一九二二年二月四日に、「（第二次）朝鮮教育令」が公布されます。

この「（第二次）朝鮮教育令」は次のように始まっています。

第一条　朝鮮ニ於ケル教育ハ本令ニ依ル

第二条　国語ヲ常用スル者ノ普通教育ハ小学校令、中学校令及高等女学校令ニ依ル但シ此等ノ勅令中文部大臣ノ職務ハ朝鮮総督之ヲ行フ

前項ノ場合ニ於テ朝鮮特殊ノ事情ニ依リ特例ヲ設クル必要アルモノニ付テハ朝鮮総督別段ノ定ヲ為スコトヲ得

第三条　国語ヲ常用セサル者ニ普通教育ヲ為ス学校ハ普通学校、高等普通学校及女子高等普通学校トス

朝鮮総督府は「改正教育令は、内鮮人（日本人と朝鮮人）の教育制度を同令中に統合設定し、内地と全く同一の教育主義並制度を採用せり」と言いながら、「国語ヲ常用スル者」、

すなわち日本人の学校は日本国内の諸学校令による（第二条）として、結局、「（第二次）朝鮮教育令」も朝鮮人の教育制度のみを規定していることになります。また、一九二〇年の手直しと同じで、朝鮮人の普通学校の建て前は六年制ですが、四年に短縮することを認めていて、そして実際に、一九二九年度以降の「一面（日本の村にあたる行政単位ですが、日本の村より広い）一校計画に依り増設しつつある普通学校は総て四年制であ」って、けっして「同一の教育主義並制度」とは言えないものでした。

〈「満州事変」後の教育〉

日本にとって、朝鮮は単に富を奪う植民地収奪の対象としてあるだけでなく、中国大陸を侵略する一大拠点としての意味をもっていました。その性格が、一九三一年の「満州事変」によって、いっそう強化されました。一九三七年には、重要産業統制法の施行等、経済的にも、植民地的な鉱工業の発達が強いられます。それに合わせて、朝鮮人の民族性すべてが抹殺されようとします。

一九三九年には、朝鮮に氏制度を創設する「創氏改名」を公布しました。朝鮮においては、姓制度であったために、結婚しても男女とも姓が変わりませんが、当時の日本の氏のように女性の氏を男性のものに変えるものでした。また、この際、氏を設定するに際して

「日本的な」氏に変えるようにとの強制が行なわれ、また氏に応じて名も「日本的なもの」に変えることを強要したため、多くの反発を受けました。四〇年代には、朝鮮語の新聞雑誌を廃刊させ、はなはだしいことには朝鮮語の研究をしていた朝鮮語学会を解散させて、幹部を逮捕、投獄、獄死させています（一九四二年）。

一九三八年の「陸軍特別志願兵制度」に続き、四四年には「徴兵制度」が始まり、朝鮮人が「玉除け」とされていきました。その他、多くの朝鮮人が軍要員、軍隊性奴隷等として動員されて、日本の戦場で殺されています。一方では、日本国内の労働力不足を補うために、朝鮮人を日本国内にも強制的に連行してきました。一九四五年には、在日朝鮮人が二三六万五〇〇〇人となったともいわれ、これは当時の朝鮮人総人口の一割になります。

日本国内の初等教育より短い年限の普通学校教育であっても、その普及に困難を感じた朝鮮総督府は、一九三四年には「簡易学校」を開設しました。これは一〇歳で入学し、二年間で日本語と農業を教え込むという、日本が植民地の教育に求めていたものを端的に表現したものです。この簡易学校制度開設の背景には、一九三三年五月末になっても、普通学校就学率が推定学齢児童数に対して二割弱しかないという普通学校の収容能力の限界があります。この後、一九四二年の教育審議委員会決定で一九四六年からの義務教育制度の実施が宣言されますが、その際にも、その義務教育はこの簡易学校をも含み込んでのものです。

普通学校においても、農業が強調されます。そして一九三二年から行なわれた「農村振興運動」の中では、普通学校における「卒業生指導」にこの運動のにない手を作る役割が期待されていました。支配者は日本が整備した学校に行けば、日本の支配の目的にふさわしい人間になると期待したということです。

しかし、このような「植民地教育」を担った人たち、教員はどのような人たちだったのでしょう。最初は日本から教員を連れて行って、朝鮮人に教えさせました。しかし、簡易学校まで建てるようになった、この時期、日中戦争によって日本人男性は戦場にかり出されていたことから、日本人教員の確保は困難となり、またそもそも簡易学校は普通学校を建設するのが困難な場所に建てられていたことから、日本人教員を充当していくことは困難でした。朝鮮総督府学務局の官僚が書いた「簡易学校の増設方針」には、「教員の供給が尽き」四四〇校の増設計画が二二〇校にしかならず、「教員は将来内鮮人（日本人と朝鮮人）半々の割で分布せしめたいが現在の所三分の二が朝鮮人である」と書かれています。実際には、この記事が書かれた一九三五年の五月末時点で、日本人職員数一〇九人に対して、朝鮮人五一四人（四・七倍）です。日本人職員数は一九三八年度以降一六〇人台に停まり、以後の簡易学校数の増加は朝鮮人職員数の増加によることになります。一九四一年時点では、日本人一六九人に対し、朝鮮人一六一三人（九・五倍）という比率です。異民族支配を行なうための植民地教育制度であるのに、朝鮮人をして朝鮮人に日本の教育内容を教えさせるという大きな矛盾をはらんだと言うことができます。一九三四年六月の政務総監の道学務課長及視学官会同における訓示には、次のようなことが言われています。

昨秋来数道（道は日本の県に相当する朝鮮の行政単位）に亘《わた》り初等学校教員又は書堂教師にして共産主義に惑溺し、学校の内外に於て不穏なる運動を試み、純真なる児童の将来を蠹毒《とどく》して刑辟《けいへき》に触れ、教権の神聖を汚すが如き者を相当多数出しましたことは、誠に遺憾とする所であります（初等学校教員や書堂教師が総督府の支配に反対する活動をして、子どもたちに影響を与えるようなことがあったのは困ったことである）。

一九三七年には「皇国臣民ノ誓詞」が定められて、学校では毎日子どもたちに唱えさせました。それは次のようなものです。

皇国臣民ノ誓詞（其ノ一）――小学校児童用

一　私共ハ　大日本帝国ノ臣民デアリマス
二　私共ハ　心ヲ合セテ　天皇陛下ニ忠義ヲ尽シマス
三　私共ハ　忍苦鍛錬シテ　立派ナ強イ国民トナリマス

皇国臣民ノ誓詞（其ノ二）―中等学校以上および一般用

一　我等ハ皇国臣民ナリ　忠誠以テ君国ニ報ゼン
二　我等皇国臣民ハ　互ニ信愛協力シ　以テ団結ヲ固クセン
三　我等皇国臣民ハ　忍苦鍛錬力ヲ養ヒ　以テ皇道ヲ宣揚セン

一九三九年には、朝鮮の全児童・生徒・学生に、これを書かせて、それを納めた「皇国臣民誓詞之柱」というものを朝鮮神宮に建てています。

〈（第三次）朝鮮教育令〉

一九三八年には、（第三次）朝鮮教育令が施行されました。これ

「皇国臣民誓詞之柱」（『復刻　戦ふ朝鮮』編集解説・宮田浩人、新幹社、2007）

は次のように始まっています。

第一条　朝鮮ニ於ケル教育ハ本令ニ依ル
第二条　普通教育ハ小学校令、中学校令及高等女学校令ニ依ル但シ此等ノ勅令中文部大臣ノ職務ハ朝鮮総督之ヲ行フ
前項ノ場合ニ於テ朝鮮特殊ノ事情ニ依リ特例ヲ設クル必要アルモノニ付テハ朝鮮総督別段ノ定ヲ為スコトヲ得

学校の名称が小学校、中学校、高等女学校に統一され、「教授上の要旨、教科目、教科課程に関しては、朝鮮語以外のものは内鮮人（日本人と朝鮮人）全く同一とな」ったと主張されて、朝鮮語もほとんど教えられることがなくなりました。では、日本人と朝鮮人は同一の教育機会を与えられたかというとそうではありません。四年制の「小学校」は解消されていません（当然朝鮮人だけです。日本人の小学校はすべて六年制でした）。簡易学校も、もちろん存在しています。そして、学校を誰が建てるかという設立主体、経費負担、そして日本人・朝鮮人生徒別の学校であることまで、なんら変わるところはなかったのです。学校の設立主体は日本人学校を対象とした第一部特別経済と朝鮮人学校を対象と

した第二部特別経済に分けられて、一九三八年五月末現在の生徒一人当り経常費は、第一部特別経済で四八円、第二部特別経済で一八円でした。学校名称の変更も、たとえば一九一一年に創立された平壌高等普通学校（朝鮮人の学校）を平壌第二公立中学校として、一九一六年に創立された平壌中学校（日本人の学校）を平壌第一公立中学校とするなど（日本人が上という意識）、朝鮮人の感情に逆らうものが多かったのです。

この「（第三次）朝鮮教育令」（一九三八年）の下での朝鮮総督府『国史地理』下巻（一九三八年）は次のように記しています。

第二十一　みいつのかゞやき（三）

ポーツマス条約がきまると、明治天皇は、伊藤博文を統監に任じ、京城に統監府を置いて、いろいろと韓国のお世話をさせられました。やがて、韓国皇帝は、わが国の人人をまねいて役人にとりたて、進んだ文物をとり入れることに力をおつくしになりました。けれども、ほんとうに人民のしあわせを増し、東洋の平和をたもつためには、すっかりわが国と一体になって、天皇陛下の御めぐみをいたゞくよりほかはないと、おさとりになりました。人民の中にも、同じように考へるものがあらわれてきました。そこで、天皇に、この事を申しあげられました。天皇は、もっともにおぼしめし、これをおうけあそばされ、韓国をわが国におあわせになり、これからは、朝鮮とよぶことにお定めになりました。これを韓国併合と申します。明治四十三年（紀元二千五百七十年）八月のことであります。天皇は、朝鮮総督を置いて、この地方をお治めさせになりました。今、十月一日を朝鮮の始政記念日と定めてあるのは、明治四十三年のこの日に、朝鮮総督府が京城に設けられて、新しい政治が始ったからであります。このようにして、みいつは朝鮮地方のすみずみまでかゞやきわたり、人民はみな一ように朝廷の御めぐみをいたゞくことになりました。

先に見たように、植民地朝鮮における日本人と朝鮮人の教育機会は均等ではありません。学校予算も異なります。子どもたちの学校生活という、子どもたちに見える暮らしの中でも、子どもたちは植民地被支配者としての自分たちを感じます。しかし、子どもたちは「一ように御めぐみをいたゞく」自分たちを学ばなければならないのです。

朝鮮における日本の植民地教育政策の目的を象徴的に示すように、この朝鮮教育令の改正は「陸軍特別志願兵制度」（朝鮮人を「志願兵」という名で兵隊にした）と対にして出されています。そして、逆に「志願兵制度」は、朝鮮総督府の『施政三十年史』（一九四〇年）においては、教育の項に収められているのです。このような当時の教育の性格を最もよく示しているものは、「教育令」の公布と共に出された、総督南次郎の諭告です。その中では「国体明徴、内鮮一体、忍苦鍛練」が「三大教育方針」として強調されています。この「教育方針」に加えて「銃後の守」としての女子の姿の強調などが、各教科の教授内容、生徒教養要旨などにあらわれています。

先に述べたように一九三九年には、「創氏改名」が定められました。一九三八年の「（第三次）朝鮮教育令」によって、一部の中等学校においては日本人・朝鮮人の共学がなされていましたが、創氏改名後は朝鮮人を明示するため、出席簿に印が付けられていたといいます。創氏改名について朝鮮総督府内部においても警務局は日本人と朝鮮人の識別ができなくなるとして反対していたということです。

一九四三年には、朝鮮教育令が改正され、「青年学校を除いては、学校教育のあらゆる分野に至り、内地諸学校令に順応するの建前を執る」ことになりました。この改正は、今まで日本国内と異なって規定されていた師範教育（教員養成教育）を日本の師範教育令中、師範学校に関する部分に依ることにするという改正ですが、附則がおかれていて、結局、日本人を主な対象とする京城師範学校だけが専門学校（現在の大学）程度に改組されて、他の朝鮮人対象の師範学校は以前のままの中等学校でした。

## 3. 朝鮮でもジンバブエでも

〈植民地下の教育〉

これまで見て来た、ジンバブエの教育状況と日本の朝鮮植民地支配を比較するために、人口一〇〇〇人当たりの学校在籍者で比較してみます。

独立五年前の一九七五年のローデシアにおいて、教育はアフリカ系の教育局（現在の日本でいう文部科学省）とヨーロッパ系の教育局に分かれていました。学校は四つに分かれていました。ヨーロッパ系とアジア系、カラードと、アフリカ系の四つです。教育局は二つだったので、アジア系とカラードの教育はヨーロッパ系の教育局が担当しました。ちなみに「カラード」という言葉は、アメリカ合州国では白人以外の有色人種を全部カラードといいますが、南部アフリカにおいては、ヨーロッパ系とアジア系とアフリカ系以外がカラードといわれています。「混合人種」と呼ばれる事もあります。これはかつての南アフリカの三院制議会と同じ区分です。

ジンバブエの白人人口は一番多いときで二八万人、独立時に南アフリカ等へ逃げ出したりして、独立後は、総人口一〇〇〇万人の人々の中で九万人くらいになっています。独立前の黒人六〇〇万人と白人二八万人の段階で、初等教育に関しては、アフリカ系は八一万人の在籍、ヨーロッパ系は、四万人弱の在籍なので、人口一〇〇〇人の中でいうと、一三三人と一四二人になって、学校にいっている人の割合はそれほど変わらないことになります。中等教育になると、白人は人口一〇〇〇人当たり一〇六人、初等教育は七年で中等教育は四年ですから、ほとんどの人が中等教育に進むことが示されています。これに対して、黒人で中等教育に進む人は、人口一〇〇〇人の中でわずか六人です。

同じ事を植民地朝鮮で見ますと、解放二年前の一九四三年、当時二六〇〇万人の朝鮮人と、七五万人の在朝鮮日本人がいました。初等教育が人口一〇〇〇人の中で見ますと、朝鮮人は七五人、日本人は一二四人、日本の初等教育は六年で、ジンバブエより一年短いですが、ジンバブエの白人の就学割合と同じになっているので、日本人はほぼ植民地朝鮮の学校に通っていることになります。それに対して、中等教育は朝鮮人でわずか三人、日本人で五二人となります。日本人の中等学校在籍者はローデシアの白人より低いことになりますが、それは日本と朝鮮の関係の中で、中等教育になれば、日本の親戚に頼って、日本の学校に行くという事もありましたから、必ずしも、低いともいえないわけです。

このような数字を見ますと、日本の閣僚が日本は朝鮮を植民地支配して良い事をした、学校を建てたなどと言います。別に英国の植民地支配を良かったと言うつもりもありませんが、ローデシアの黒人の学校に行く割合より、朝鮮での朝鮮人の学校に行く割合がはるかに低かったことは歴然としています。

さらに言うと、独立後七年でジンバブエの初等教育在籍者は二四七万人と三倍に、中等教育在籍者は六六万人と一一倍になります。これは日本の朝鮮植民地支配も同じで、朝鮮民主主義人民共和国で一九四四年から一九四九年の五年で二・二倍に、大韓民国で一九四五年から一九五二年の七年で一・八倍になります。支配者は、植民地が貧しかったから学校が作れなかったというわけですが、そんなことはなく、独立後も朝鮮もジンバブエも経済的には苦しいわけです。その苦しい経済の中で、子どもたちに教育の大事さを説き、自分たちは学校に行けなかった、支配者は行った、それはなぜだと話し、そしてその貧しさの中で、学校を作って行って、これだけの学校ができあがるわけです。

### 〈独立後の教育〉

この解放後のジンバブエの教育の拡大の姿を詳しく見て、解放前の「植民地教育」とは何であったかを考えて見ましょう。ジンバブエ独立後、ジンバブエ政府は教育の民主化と拡張に着手しました。ジンバブエ政府は、教育を人権としてだけでなく、社会・経済成長と発展を決定する投資を形成すると考えました。また学校財政、維持運営の責任を政府と地方コミュニティで分担しました。

さらには、職業訓練に重点を置いた教育を構築しようとして、文部省だけでなく他の省との連絡会を設置しています。それまでの植民地宗主国による一部エリートのためだけの教育であったヨーロッパの中等教育を模した文学教育から職業教育への転換は、インド始め、いわゆる発展途上国といわれるさまざまな国々で取り組まれています。

ジンバブエ政府は独立直後の一九八〇年九月、六歳以上の子どもには七年間の無償初等教育の権利があると宣言しました。この結果、先に述べたように初等教育在籍者は一九七九年の八一万九四〇〇人から、七年後の一九八六年には三倍の二四六万九二一九人に増加しました。

さらに、全ての初等教育修了者が中等教育に進む可能性を得られるように、多くの中等学校を建て、独立以前はヨーロッパ系の子どもだけが入学できた私立学校に人種的バランスをとるよう奨励し、少数者（非アフリカ人）の子どもにだけ入学を許していたグループAの政府立学校を非人種的政府立学校に転換しました。

多くの「上の学校」が農村地域に作られました。これは既存の初等学校に付設された中等一・二学年を含みます。「上の学校」は次第に地区評議会によって運営される農村中等学校に転換されました。また宗教中等学校への補助金を、学校拡張のために増加しました。

植民地時代は初等学校から中等学校への入学に際しての入試が存在しましたが、これは廃止されました。

これらの政策の結果として中等学校在籍者は、一九七九年の六万二〇〇〇人から一九八六年の六五万九九三四人に増加しました。しかし教育の内容はイギリスの教育内容を色濃く残しています。教科書もイギリスのロングマン等の教科書のジンバブエ・リプリントです。内容的に若干ジンバブエを題材にしたものを織り込んでないわけではありませんが、直輸入ではなくリプリントである主な理由は、輸入教科書では価格的に高価なため、リプリントになっていることであるように思われます。例えばロングマンの教育学の教科書が三二ドル七三セントとあります（一九九一年当時で八〇〇円くらいです）。それでも一日の日給が八ドルくらいですから給料の四日分になります。初等学校の教科書の場合は、一、二ドルということが多いですが、地図帳などでは六ドル位することがあります。また、ジンバブエでは学校にはみな制服がありますから、学校に行くための費用はなかなか大きな負担です。

教育内容の問題に戻ると、中等学校の教科書が、全部イギリスのリプリントであることが典型的に現れているのは、試験の問題です。六年間の中等教育に三段階の試験があります。最初の試験は中等二学年の終わりに行なわれる国内試験で「下級教育修了試験」

(Junior Certificate of Education（JCE））と呼ばれます。続いて中等四学年の終わりの「一般教育修了試験」(General Certificate of Education(‘O’ Level))、中等六学年の終わりの「上級教育修了試験」(Higher School Certificate（‘A’ Level))があります。Oレベル、Aレベルはイギリスから受け継いだもので、規定し監督するのは、英国連合試験委員会(British Associated Examinations Board（AEB）)です。当然この試験制度はいわゆる学問的到達に重心がおかれ、外部の試験官を含んでいることばかりでなく、教授要目がジンバブエの必要を反映していなくて、地域の状況が考慮に入れられていないという問題を含んでいます。

また急激な教育拡張をしましたから、初等中等教育における教員・生徒比率が一九八一年初めで一対七六になっている問題もあります。

## 4. 現在に続く植民地教育

〈「臣民の義務」〉

ここからは現代日本の問題です。大日本帝国憲法の下で、教育は、納税、兵役とならぶ「臣民の三大義務」とされてきました。しかし、大日本帝国憲法には教育についての記載はなく、教育に関する事項は法律（国会）が関与することなく、天皇の勅令と官僚による命令によって定められてきました。このことによって「臣民の義務」という教育観が日本国に住む人間には染みつきました。一九四七年に施行された日本国憲法が、「すべて国民は、法律の定めるところにより、その能力に応じて、ひとしく教育を受ける権利を有する」（第二六条）と、人間にとっての教育の権利性を宣言しても、それは「国民」（日本国籍を有する者）だけの権利と信じて疑いませんでした。しかも、政府が定めた学校への就学だけが「教育を受けること」だということも疑わなかったといえます。

植民地においては議会自体がありませんでしたが、朝鮮においても、勅令である「朝鮮教育令」の下、官僚組織である朝鮮総督府による命令によって教育制度は作られていました。そこでの教育は、これまで見てきたように、日本人と差をつけた短い教育年限によって、日本語を話し、日本人の下で働く植民地人を養成しようというものでした。

教育用語は日本語とされました。教育用語だけでなく、子どもたちの精神においても「臣民」化をはかろうとしました。

敗戦後、日本ではアメリカ合州国の教育行政制度にならい教育委員会制度が導入されました。アメリカ合州国の教育委員会制度・教育行政制度を考えれば、文部省は存在しません。学校を運営する各地の教育委員会が教育内容等々を決めれば良いのです。日本では形の上では教育委員会制度を導入しました。しかし、文部省も残されました。天皇制を残したのと同じく、「国民」支配のためには、文部省という制度が大変に便利なもの

民族教育初期の学校、職員室、教科書

であることをアメリカ占領軍は察知したに違いありません。そのため、先ほど記したように人びとの中に「教育は権利だ」という意識は生まれませんでした。そして、これから見ていく現在に続く植民地教育である在日朝鮮人教育を考えるとき、その施策はすべて官僚による通達や命令によってなされています。

## 〈在日朝鮮人の形成と解放後の教育〉

植民地支配の下で朝鮮の下層農民は生活ができなくなって離農し、そしてかたや日本においては低賃金労働力を必要としていたので、日本の資本は生活のできなくなった朝鮮の人びとを日本に来させ働かせました。そのため、日本国内にいる朝鮮人の数は増加し続けました。一九三〇年、日本文部省は日本にいる朝鮮人の子どもたちには就学義務があるとしましたが、実際の就学率は四〇％程度、それも女子の就学は男子の三分の一程度でした。そして、就学したといってもそれは日本人の教育でした。日本の学校の中で、朝鮮人の子どもたちは日本人からの差別を受け、朝鮮人は奴隷の民だと教え込まれました。一方、学校に行けないことによる非識字がもたらされ、就学した者でも習うのは日本の文字だけでした。就学・非就学にかかわらず、周囲の圧倒的な日本語の力によって日本にいる朝鮮の子どもたちは朝鮮語から切り離されていきます。

この植民地支配の結果として、日本の敗戦時（一九四五年）、日本には二〇〇万人を超える朝鮮人が住んでいましたが、その子どもたちが、朝鮮語を受け継ぎ、朝鮮人としての民族意識を保持することは困難な状況に置かれていました。日本の敗戦によって解放された朝鮮人は、人間としての尊厳を取り戻し、奪われた言語、文化、歴史をとり戻すために、「金のあるものは金を、力のあるものは力を、知恵のあるものは知恵を」というスローガンの下、日本各地に「国語（朝鮮語）講習所」を設けました。それが今日の朝鮮学校となっています。この自主的な教育施設は、翌一九四六年九月には学校教育として整備され、五二五校に約四万四〇〇〇人が学んだといわれています。

映画『ウリ・ハッキョ』の中でも歌われる許南麒氏の「これが俺達の学校だ」に歌われているように「校舎は　たとえ　見すぼらしく、／教室は　たつた　一つしかなく、／机は／君達　身をよせると／キーツと　不気味な音を立て／いまにも　つぶれてしまいそうになり、／窓という窓には／窓ガラス一枚　ろくに入れられてなくて」という状況でも在日朝鮮人が自分たちで作った学校でした。

しかし、朝鮮人の教育活動は、解放前と変わらない大弾圧に直面します。私は、戦後三度の朝鮮学校に対する弾圧があったと考えています。そこには、先に述べた教育についての日本人の解放されていない考えが反映しています。弾圧の一度目は一九四八、四九年の警察力による朝鮮学校閉鎖と資産没収、二度目は一九六〇年代後半の「外国人学校法案」で、三度目は二〇一〇年からの「高校無償化」からの朝鮮学校排除です。そこには日本の果たされていない植民地責任、朝鮮への差別、蔑視が現れています。

一九四七年四月には、文部省学校教育局長通達「朝鮮人児童の就学義務に関する件」が出されました。日本国政府は在日朝鮮人が日本国籍を保有しているとみなし（日本国籍であるとされながら、参政権をはじめとする国籍に付随する諸権利については認められていません）、在日朝鮮人児童は日本の学校に就学する義務があるとしました。この三週間後の五月二日には、最後の勅令である外国人登録令が施行されて、「台湾人……及び朝鮮人は、この勅令の適用については、当分の間、これを外国人とみなす」とされました。管理においては外国人とされ、人間の基本的な権利である教育については「日本人」とされて同化が強要され続けているのです。

この頃から朝鮮学校に対する敵対が始まります。一九四七年秋、大阪のアメリカ軍政庁の教育担当将校が、朝鮮学校について「設備のたらなさ、教員の資質のわるさ、教員の政治活動、教育の内容のひくさなどにかこつけて、朝鮮学校を批難する声明」を出しています。東京では、アメリカ占領軍GHQ民間情報局教育部の大尉が朝鮮学校をまわって、「教育用語が朝鮮語だとか、朝鮮の国旗を掲げてはいけないとか、金日成の写真がよくないと難くせをつけ、学校のはしらがほそすぎる、天井に空気ぬきあながあいていない、教員の頭の毛がボサボサだ、ズボンにすじがはいっていないなどの難くせ」をつけました。この後、二〇一〇年代に各地の知事たちが朝鮮学校に対する補助金を停止します。そのときの「理屈」がこの一九四〇年代後半に使われた「理屈」と全く同じなのです。

壁にハングルで「私たちの学校を守ろう」

〈朝鮮学校閉鎖〉

一九四八年一月二四日、日本文部省の学校教育局長から「朝鮮人設立学校の取り扱いについて」という通達が出されました。その内容は「朝鮮人の子弟であっても学齢に該当する者は、日本人同様市町村立又は私立の小学校、又は中学校に就学させなければならない」というものです。そして、三月末から警察力による「朝鮮人学校閉鎖」が行なわれました。子どもたちに日本の学校への就学を促すなら（そんなことは先に記したようにこれまで決してなされてきませんでした）、保護者に「就学通知」を出せば良い話です。現在、さまざまな教室や塾が何らの許可なく行なわれているように、その当時の朝鮮学校は何ら学校としての地位を与えられるものでも何でもない、ただの塾と同じ存在でした（このこと自体は問題ですが）。何の地位も持たないで運営されているものをつぶすために、日本政府はかなりの無理を重ねています。

もちろん、朝鮮人も黙って学校がつぶされるのを見ていたわけではありません。各地で激しい闘争が繰り広げられました。特に一九四八年四月二四日には、兵庫県において知事への抗議活動が行なわれ、知事はいったん閉鎖命令の撤回を約束しました。これに対し、ＧＨＱは「非常事態宣言」を発して、朝鮮人の一斉検挙を行なうとともに知事の閉鎖命令撤回の無効を宣言しました。これに反対する四月二六日の大阪における抗議集会では一六歳の朝鮮人少年金太一《キムテイル》が射殺されるという大弾圧が加えられました。これらの教育権擁護の闘いを「阪神教育闘争」と呼んでいます。

この闘争は、五月三日、在日朝鮮人教育対策委員会代表と文部省当局との間における覚書で「朝鮮人自身で私立の小学校、中学校を設置し義務教育としての最小限度の要件を満し、その上は法令に許された範囲内において、選択教科、自由研究及び課外の時間に朝鮮語で、朝鮮語、朝鮮の歴史、文学、文化等朝鮮人独自の教育を行うことができる」として、いったん解決を見ました。

一九四八年八月一五日には大韓民国が、九月九日には朝鮮民主主義人民共和国が成立し、さらに、米ソの対立が激化する中でアメリカ占領軍は朝鮮人運動に対する弾圧を強めます。朝鮮人の活動を弾圧しようとするアメリカおよび日本は、一九四九年四月四日、団体等規正令を公布施行し、九月八日、団体等規正令の適用第一号として朝連など朝鮮人の四団体に解散命令が出され、一〇月一二日には以下の閣議決定がなされました。

一、朝鮮人子弟の義務教育はこれを公立学校において行うことを原則とすること。

二、義務教育以外の教育を行う朝鮮人学校については厳重に日本の教育法令その他の法令に従わせ、無認可学校はこれを認めないこと。

三、朝鮮人の設置する学校の経営等は自らの負担によって行わるべきであり、国又は地方公共団体の援助は、一の原則から当然その必要がないこと。

この閣議決定に基づいて、一〇月一三日、文部省管理局長は法務府特別審査局長と連名で「朝鮮人学校に対する措置について」という通達を出して、朝鮮人学校の閉鎖を指令します。しかし、「朝鮮人子弟の義務教育はこれを公立学校において行う」とした決定にもかかわらず、現実には各自治体は在日朝鮮人の子どもたちの入学を拒否し、閉鎖した朝鮮人学校を「公立朝鮮人学校」と看板を書き換え、そこに収容し、わずかばかりの経費で、しかし教育内容としては日本語の教材を教え込もうとしました。まさに、植民地教育の再来です。この弾圧後の一九五二年四月現在、自主学校は四四校（小学校三八校、中学校四校、高等学校二校）となり、東京都では公立朝鮮人学校という形態で一四校（小学校一二校、中学校一校、高等学校一校）となり、他県の公立分校という形態は一八校となりました。それでもなんとか「公立朝鮮人学校」、公立分校という形態で存続できた場合には、朝鮮人教員はほとんど無給の講師という冷遇のもとでも、子どもたちに民族教科を教えるために努力をし続けました。

〈サンフランシスコ講和条約後〉

日本国政府はサンフランシスコ講和条約発効の日（一九五二年四月二八日）をもって、一方的に在日朝鮮人は「日本国籍を喪失」する、すなわち「外国人」になるとの立場をとり、そのことによって在日朝鮮人の教育について公費を支出する義務はなくなったと主張しました。言いかえれば在日朝鮮人の就学は権利ではなく、恩恵であるという事にされてしまったのです。朝鮮人が自主的に行なっていた学校を破壊して、「公立」という名をかぶせて支配した後で、再び責任を放棄したのです。接収されて「公立朝鮮人学校」とされていた学校は、行政から切り捨てられ、以後、朝鮮人学校は自主学校として、法的地位としては各種学校として存続しました。

たとえば、自主的な朝鮮人学校を閉鎖・接収し、看板のみ取り替えて「公立朝鮮人学校」とされた東京都立朝鮮人学校は、朝鮮人教育に対する日本国政府の財政負担を求める朝鮮人側の要求にもかかわらず、東京都教育委員会は、一九五四年一〇月五日、都立朝鮮人学校の一九五五年三月限りの廃校を通告し、都立朝鮮人学校は一九五五年四月から各種学校となりました。

一方、日本の学校に行こうとした朝鮮の子どもたちに対して、日本の行政は「学校の言うことを聞きます」という「誓約書」を取りました。

例えば、葛飾区の区立小学校では次のような誓約書を強要しました。

一、入学後は日本の法令に従って教育を受けることを承認します。
二、朝鮮語、朝鮮地理、朝鮮歴史等所謂民族課目は一切教育しないことを承認します。
三、学校の秩序を乱すようなことは一切いたしません。
四、学校の管理、経営に支障をきたすような場合退学を命ぜられても異存ありません。

このような誓約書は一九七〇年代近くまで要求されています。

〈日韓条約と在日朝鮮人教育〉

日朝・日韓の国交回復問題において、日本は一方的に韓国とだけ国交回復交渉を行ない、またその会談の過程でも多くの民族差別発言がなされ、韓国側の反発をかいました。一方、韓国側も日本にある朝鮮学校の閉鎖を求めるような発言を行なったりしましたが、一九六五年六月に日韓基本条約が締結されました。教育に関しては、日韓基本条約に伴って締結された「日韓法的地位協定」の中で「妥当な考慮を払う」と言及されているにもかかわらず、「妥当な考慮」の内容をこの地位協定に伴って出された一九六五年一二月二八日の二つの文部事務次官通達に見てみると、次の二点になります。すなわち「教育課程」については「日本人子弟と同様に取り扱う」ものとし、また「朝鮮人としての民族性または国民性を涵養することを目的とする朝鮮人学校は、わが国の社会にとって、各種学校の地位を与える積極的意義を有するものとは認められないので、これを各種学校として認可すべきでないこと」として、朝鮮人学校の各種学校としての認可すら否定することです。

この後者の通達の中で文部省が予告した「外国人学校の統一的扱い」は、一九六六年四月、自民党文教調査会外国人学校小委員会「最終要綱」として公にされました。基本的な内容は外国人学校に対し「経費は設置者が負担する」と経済的援助をしない事を明言した上で、教育内容については、文部大臣の閉鎖命令をも伴う検査権限を認めるものでした。「要綱」が伝えられると、多くの反対が表明され、以後、法案は「外国人学校法案」という形であったり、「学校教育法一部改正案」という形をとったりしながら、第一次から第七次まで提出されましたが、ことごとく廃案もしくは未上程という結果になりました。しかし、一九七五年、学校教育法の改正により、各種学校の中から専修学校が切り離され、しかも専修学校の規定（当時の第八二条の二）に「我が国に居住する外国人を専ら対象とするものを除く」と明記された事によって、各種学校は、必然的に修業年限が一年以下であるか、教育を受ける者が四〇名以下であるかといった小規模もしくは短期の教育機関と外国人学校のみを意味する事となりました。

しかし、この朝鮮人学校の各種学校としての認可すら否定する日本国政府の方針にもかかわらず、朝鮮人学校の所在する各地方自治体においては、朝鮮人学校を各種学校として認可していき、逆に外国人学校法案が出されていた時期が認可の集中した時期でもありました。すべての学校が各種学校の認可を得たのは、一九七五年の山陰朝鮮初中級学校（松江市）の認可によってです。

この他、朝鮮学校が各種学校であることによる不利益として、
・同年齢の子どもたちが購入する通学定期が購入できない。
・スポーツ大会からも排除される。
などがありました。これらも粘り強い運動によって、一九九四年、通学定期の対象となり、また、一九九一年三月、全国高等学校野球連盟、一九九四年三月、全国高等学校体育連盟、一九九七年度、全国中学校体育連盟が大会参加を認め、朝鮮学校は日本社会の中での認知を得ていきます。

しかし、日本国政府の扱いは、あくまでも敵対的なものです。一九九六年八月、文部省学術国際局は、私立学校が校舎建築等で寄付金を得たとき、その寄付者に税金控除を認める指定寄付金について、次のように述べて、あくまで朝鮮学校を差別する意識を変えていません。

各種学校の指定寄付金については、「いわゆる学校教育法一条校の行う教育に相当する内容の教育を行うこと及びその教育を行うことについて相当の理由があると所轄庁（都道府県知事）が認めること等」が要件となっており、これまでインターナショナルスクール及び東京韓国学園のみに適用されている。

朝鮮人学校については、昭和四〇年（一九六五年）の文部事務次官通達で、「朝鮮人として民族性または国民性を涵養することを目的とする朝鮮人学校は、わが国の社会にとって、各種学校の地位を与える積極的意義を有するものとは認められないので、これを各種学校として認可すべきでない、と各都道府県に対して指導してきた。（現在、ほとんどの朝鮮人学校が都道府県から各種学校として認可されており、行政としてはこうした現実を踏まえた対応を行っているがこれをもって文部省として朝鮮人学校を各種学校として積極的に認めているわけではない）

このため、朝鮮人学校に係わる指定寄付金の取扱については、大蔵省告示にいう「その教育を行うことについて相当の理由があるものと所轄庁が認めること」は適当でないとして、寄付金による税金の控除を認めませんでした。

〈大学受験資格〉

二〇〇三年、文科省は欧米系の外国人学校のみに大学受験資格を与えるという政策を打ち出しました。欧米系の学校のみにということに対する多くの反対の中で、対象が当初文科省が予定した欧米系学校のほか、その外国人学校の「本国」で大学受験資格を認められている学校まで広げられて、多くのブラジル学校のほか、韓国学園、そして国交のない台湾系の中華学校まで大学受験資格を認められることとなりました。しかし、同じく国交のない朝鮮学校は「本国」による認定ができないという「理屈」で、学校としては受験資格が認定されず、各受験生に対する各大学による個別審査によって大学受験資格が認められることとなりました（このため、二〇〇六年、玉川大学は朝鮮学校卒業生の受験を拒否しました。またセンター試験の受験も事前に大学の受験資格認定を取らなければならず、その成績は事前にセンターに申請した受験資格を認めた大学にしか通用しません）。

〈第三の攻撃〉

第三の攻撃となったのが、二〇一〇年からの「高校無償化」です。日本国は、「経済的、社会的及び文化的権利に関する国際規約（A規約）」第一三条二（b）（c）（中等教育、高等教育の漸進的な無償化）を留保してきました。二〇〇九年、政権についた民主党はこれに対し「高校無償化」を打ち出しました。日本では私立高校がかなりの部分を占めるので、公立高等学校は授業料の不徴収、私立の同等機関は「就学支援金」を支給することによって、これらの学校に通う子どもたちの経済的負担を軽減しようとするものであり、対象となる学校は高校、高専、特別支援学校のほか、専修学校、各種学校まで含むというものです。なお、この政策に伴い、日本国政府は二〇一二年九月一一日、上記の留保を解除しています。

二〇一〇年二月、上記法案からは当然に無償化の対象となる朝鮮学校を外せという声が民主党内閣の中から挙がりました。『産経新聞』二〇一〇年二月二三日の「主張」（他紙の社説に相当）の表題が「朝鮮学校　無償化排除へ知恵を絞れ」となっているのは象徴的です。同法案を素直に読めば、朝鮮高級学校は当然に「無償化」（就学支援金の支給）の対象となるものでした。同年三月、国連・人種差別撤廃委員会はただちに総括所見で「高校教育無償化の法改正の提案がなされているところ、そこから朝鮮学校を排除するべきことを提案している何人かの政治家の態度」に懸念を表明しました。しかし、四月三〇日、「高校無償化」の対象となる外国人学校が告示されても、朝鮮高校のみは除外され、専門家会議による検討を経るということになりました。

一一月五日、朝鮮学校が指定されるべき規程が明らかにされ、各学校は一一月三〇日までに申請書を出すこととなり、朝鮮学校一〇校はこの日までに申請を終えました。しかし、一一月二三日、延坪島への朝鮮による砲撃があり、砲撃と子どもたちとは何の関係もないにもかかわらず、菅直人首相は審査手続きを中断するという指示を出しました。二〇一一年八月二九日、審査再開が指示されますが、審査を終わらせないまま、民主党は政権を失います。自民党政権の第一の施策は、二〇一二年一二月二八日の下村文科相による除外の方針の発表であり、翌二〇一三年二月二〇日、朝鮮学校の不指定を通知すると共に、朝鮮学校を「高校無償化」の対象から除外する省令を公布・施行しました。

〈補助金まで廃止〉

この差別の風潮に便乗して、長い間の運動によって築き上げられてきた地方自治体による朝鮮学校への補助金を停止する知事たちが二〇一〇年から現れました。大阪や、神奈川、東京等の自治体では、これまでその「法的拘束力」が問題とされ続けてきた「学習指導要領」と朝鮮学校の教育内容の対比が無理やりに行なわれています。そして先に記した一九四七年のアメリカ軍将校による嫌がらせとまったく同じ事がなされています。例えば、二〇一〇年三月一二日、橋下大阪府知事は補助金の交付要件として以下の四要件を提示しました。

・学校法人として朝鮮総聯と一線を画すること。
・肖像画を教室から除くこと。
・日本の学習指導要領に準じた教育活動を行うこと。
・学園の財務状況を一般公開すること。

日本の「学習指導要領」に従って教育を行なうのならば、わざわざ困難を背負って外国人学校・民族学校を運営する必要などありません。日本人の教育と異なるから民族学校が必要なのです。東京都は法的な根拠もなく、補助金を止めた後に二年以上にわたって朝鮮学校の調査を行ない、その教育内容への干渉を「報告書」として公表しています。

朝鮮学校への「高校無償化」適用を求めて長い運動が繰り広げられてきましたが、二〇一三年一月からは、大阪、愛知、広島、福岡、東京で、高校生または学園を原告とする「無償化」裁判が闘われています。論点は明確です。政治的理由による「不指定」と、高校無償化法の趣旨を根底から覆す省令改正は違法です。

この間、法的には当然であった無償化から朝鮮学校を排除するため、右翼言論による朝鮮学校差別、朝鮮仮想敵論が一段と高揚しました。

過去に成立しなかった外国人学校法案において政府が狙っていた朝鮮学校管理は、二〇一四年、私立学校法改正という形で達成されました。各種学校については、政府からはいっさいの財政援助がないにもかかわらず、「私立学校」という形で、財政援助のある小中高校などと同様の政府の管理下に置かれたのです。本来、サポート・バット・ノー・コントロール（財政援助はするが、運営に口を出さない）であるべきものが、ノー・サポート・バット・コントロール（援助はしないが管理する）という状況になったのです。

〈国連を無視した「通知」〉

国連人権諸機関は朝鮮学校の高校無償化からの排除、また補助金の廃止・削減についてたびたび勧告を行なっています。二〇一四年八月の国連・人種差別撤廃委員会による日本国政府報告書に関する総括所見では、補助金を停止する知事たちの行為についても是正が求められています。しかし、それに真っ向から対立する「通知」がなされました。

馳浩文科大臣は、二〇一六年三月二九日、「朝鮮学校に係る補助金交付に関する留意点について（通知）」を朝鮮学校を認可している二八都道府県知事にあて発出しました。

この通知は、「朝鮮学校に係る補助金交付については、……法令に基づき、各地方公共団体の判断と責任において、実施されているところです」としながら、「朝鮮学校に関しては、我が国政府としては、北朝鮮と密接な関係を有する団体である朝鮮総聯が、その教育を重要視し、教育内容、人事及び財政に影響を及ぼしているものと認識しております」として、「朝鮮学校に通う子供《ママ》に与える影響にも十分に配慮しつつ、朝鮮学校に係る補助金の公益性、教育振興上の効果等に関する十分な御検討とともに、補助金の趣旨・目的に沿った適正かつ透明性のある執行の確保及び補助金の趣旨・目的に関する住民への情報提供の適切な実施をお願いします」というものです。文科大臣は記者会見において「私から減額とか、自粛とか、停止とか、そのようなことを指示する内容ではありません」

と明言しているものの、それならばなぜこのような通知を発出したのか、はなはだ疑問です。この「通知」の発端は、二月に自民党・拉致問題対策本部が朝鮮学校への補助金の廃止を自治体に求めるよう文科省に働きかけたことです。法的根拠もきわめて曖昧な「通知」によって補助金削減・廃止等の差別が誘発されていると言わざるをえません。

アフリカは日本から遠く思われるかも知れません。日本からアフリカへの直行便はありません。日本からアフリカへのまなざしは旧宗主国であったヨーロッパの国々を通したものとなりがちで、事実日本からジンバブエに行くのもロンドン経由等となりがちですが、ジンバブエ航空の時刻表で東京行を見てみると、オーストラリアのシドニー経由となっています（これは私たちがふだん目にするメルカルトル図法の問題でもあります）。

さて、日本が朝鮮に植民地化の意図を持って接近していくのは、一八七〇年代です。ジンバブエにセシル・ローズが入り込んだのとほぼ同じ時です。朝鮮の民衆がそれまで、当然の暮らしであった雑穀を使ってどぶろくを作り、庭先に煙草を植え、くわえることが、酒税法、専売法違反として検挙される話が、鄭承博の小説などに出てきますが、ケニア人の友人にこの話をすると、ケニアでも同じだったと言います。

一方、日本は朝鮮を一九一〇年に完全に植民地化して、一九四五年に解放を迎えますが、朝鮮に行った日本人は、朝鮮人と結婚した日本人妻等を除いて、皆引き上げてきました。それに対して、ジンバブエの経済の基幹は白人が握っていました。ジンバブエ独立にあたって、イギリスの付けた条件は白人資産の没収を行なわないということでした。

教育への影響を考えると、解放後、韓国ではアメリカ教育学が入り込んで来ましたから、ずいぶん変わってきたところはありますし、日本より早く合科教育、日本でいう生活科のようなものを取り入れたりしていますけれど、実際には現在の韓国の教育に日本の影響が全くないわけではありません。例えば韓国の教育法が一九四八年に作られますが、そのときに手本となったのが、日本の教育基本法、学校教育法、社会教育法であったといわれ、日本を手本にしたことがまた非難の対象になったりします。その後の「教育課程」（日本の「学習指導要領」に相当）のあり方などにも日本のそれに近いところがあります。しかし、ジンバブエのOレベルやAレベルの試験は、直接イギリスの監督の下に行なわれ、教科書もイギリスのものを使っています。

韓国・朝鮮とジンバブエは、その独立の年代も異なり、また現在の経済状態も異なります。解放闘争の状況も異なります。しかし、両者は植民地化以前にはそれぞれ特色ある文化を待った国家を築き、またその植民地化の時期は一九世紀末の近い時期でありました。そして、現在ではジンバブエと朝鮮民主主義人民共和国は親しい国の一つでもあります。独立時期の違い、あるいは解放闘争の違いは、もちろん植民地化までの国家形成のあり方の違いにもよりますが、逆に両者に対して加えられた植民地支配の違いをも示していると言えます。特に植民地化以前の文化について、ヨーロッパ流の文化観になれた私たちには、アフリカには文化がなかった、文字のないところには文化がない、という見方になりがちです。実際にアフリカ人が建てたジンバブエ遺跡についてヨーロッパ人はアフリカ人の文化と認めたがらず、アラビア人が作ったなどのさまざまなねつ造をしようとしました。

アフリカから見た東アジア、韓国・朝鮮から見たアフリカは日本から見た両者とは異なった見え方をしています。各々と日本の関わり、そしてそれらを通して私たちの中に形成された文化観をあらためて見きわめて行きたいと思います。独立国家が自らの国家を建設するためには教育が持った意味は大きかったのです。ですから、先に見たようにジンバブエの小学生用の歴史の教科書には「教育」という頁がありました。同じように解放後の韓国・朝鮮においても教育は重要なものでした。

日本の社会、特に教育界では「民族教育」という用語は、在日朝鮮人の民族教育だけを指す意味で用いられてきました。その背景には、日本の学校で行なわれている教育も日本人を育てる日本の「民族教育」であることを意識せず、日本のみが価値があるという植民地時代から継続する帝国意識があります。植民地支配の歴史の清算が必要です。「臣民の義務」としての教育ではなく、人間の権利としての教育、「与えられる」教育でなく、それぞれの人の文化的背景を継承していく教育が求められています。しかし、現在の日本においては、歴史の清算どころか、過去を消し去り、朝鮮と名のつくものに対しては何をしても良いという風潮が作られています。多文化化しつつある日本の中で、マイノリティの教育の保障、すなわち、外国人学校・民族学校の制度的保障（学校運営の経済的保障、卒業後の資格認定等）を通して、人と人とが対等に向かい合い、お互いを尊重し、過去の植民地支配を反省する教育が必要とされます。それが「植民地教育」の克服でしょう。

# 第二部

## なぜ訪朝するのか――私の教育学

〈私の教育学〉

中学校のときから軟式庭球をしていた私は、高校に入るとき、自分が軟式庭球の試合で行っていた中学校（荒川九中）に夜間中学があることを知って驚きました。中学校は義務教育のはずなのに、なぜ夜に学ぶ生徒がいるのだろうという疑問です。教育学を学ぶために大学院に進学し、研究テーマを「夜間中学から見た学校論」と設定しました。

当時の夜間中学には、在日朝鮮人中高年女性が多く在学していました。彼女たちの思いを知るためには、朝鮮語を学び、日朝関係史を学ばなければならないと、勉強を始めました。大学院入学の一九七八年夏、初めての国外旅行として大韓民国（以下、韓国）に行きました。朴正煕軍事政権下のまだ夜間通行禁止もある時代です。日本のパスポートも一次旅券が原則で経済条件があり、韓国もビザが必要で、しかも一五日間という制限でした。在日朝鮮人が自由に祖国に往来できない中で日本人である僕が韓国にというのは心にひっかかるものもありました（朝鮮人が自由に往来できるまで南北朝鮮とも行かないと言う尊敬する研究者もいました）。しかし、初めての外国で、英語は一一年学んで一度も言葉として使う機会がなかったのに、習い始めてわずか三ヶ月の朝鮮語が言葉として通じるというのはうれしくもありました。

修士の二年間はあっという間に過ぎ、「植民地朝鮮における日本の教育政策」を修士論文として提出しました。『文教の朝鮮』など、当時の教育雑誌などから、植民地に渡った教員はどのような感性を持っていたか、植民地をどのように認識して「教育」を行なっていたかを明らかにしようとしました。

日韓教会青年協議会の形で、一九八一年には日韓在日の青年たちと大阪・生野（在日朝鮮人集住地域）、釜ヶ崎（日雇い労働者の街）を訪ね、八二年には韓国・ソウル産業宣教会、光州を訪問しました。

オーバードクターになった一九八三年、言葉と人々の思いを知るにはその地で暮らさねばと思い、ソウルに留学しました。夜間通行禁止はなくなっていましたが、ソウル大では焚身自殺があり、延世大前は催涙ガスで目が痛くなるという軍事独裁下、日本からの封書は開封され、ナンバーが打たれるという時代です。しかし、人々は私が日本人であることを気にすることもなく、すぐに下宿（賄い、洗濯付き）させてくれました。

翌一九八四年、四国・香川県にある四国学院大学に教育学の教員として就職、幼小中高の教員となる学生たちと過ごしました。

このような中で形成された私の教育学の基本は、「公教育（国家が統括する教育）は、国家イデオロギーの注入（国民意識の形成、共通語の強制）と「能力」選別（社会で十分な生活ができないのは「自己責任」であると意識づける）の道具である」というものです。これは一国内でもそうですが、それがさらに明確に示されるものが植民地教育です。一国の中でも方言の抹殺がありますが、植民地教育においては、全く自己の言語でない宗主国の言語が強要されます。また、植民地において宗主国の人間の教育は保障されますが、植民地人の教育はそれより低い段階におかれます。例えば、朝鮮植民地初期、日本人の初等教育は六年制でしたが、朝鮮人の初等教育は四年制で、非常に限られた数の学生しか受け入れない専門学校まで入れても一二年の教育しか認められず、日本人と教育の格差が付けられ、それによって朝鮮人は日本人より社会的に下に置かれるということになります。

〈教育を誰から見るか〉

就職して六年後の一九九〇年、四国学院大学にケニア人教員が就職します。彼が学生を連れてアフリカに行くと言うので、西欧の植民地支配を見ておく必要があると思い、一九九一年末から九二年にかけて同行します。その行き先がジンバブエでした。一九八〇年に独立した南部アフリカの内陸国です。日本とほぼ同じ面積の国土に日本の一〇分の一の人口が暮らす農業国です。行ってみると独立後一〇年なのに英語による教育が継続しています。職場にサバーティカル制度が残っていたので、カナダに行って多文化教育を学ぼうと思っていた計画を変更して、一九九四年から九五年にかけてジンバブエに行くことにしました。

ジンバブエの教育について日本教育行政学会年報二一に「植民地支配と教育」を記すと共に、『アフリカの街角から』（社会評論社、一九九八年）としてジンバブエでの生活を日本に知らせました。

この間、一九九三年にそれまでの研究をまとめて『近代日本の教育と朝鮮』（社会評論社）を出しました。第Ⅰ部「日本近代公教育と植民地朝鮮」、第Ⅱ部「植民地教育払拭の過程」、第Ⅲ部「現代日本公教育と在日朝鮮人」から構成されています。植民地教育は、植民地支配の時代だけでなく、独立後の払拭の過程からも見なければならないし、日本の中に残存する植民地教育としての在日朝鮮人教育を考えなければならないということです。

また、一九九三年には初めて朝鮮民主主義人民共和国（以下、朝鮮）に行きました。このときは、名古屋空港から平壌行き直行便が出ていました。初訪韓から一五年。しかし、街で人々に接すると、北も南も同じ民族、統一されれば民衆はすぐ一つになれるなと感じました。

そして、それは現在でも感じます。二〇一七年、平壌に行った後、ソウルに行きました。平壌の大同江から眺めた風景とソウルの漢江から眺めた風景が似ているなと思いました。

下の写真は釜山・海雲台、左頁の写真は平壌・黎明通り（려명거리）です。建物の感覚が似ていると思いませんか。しかし、世の中には日韓交流には熱心でも日朝交流や在日朝鮮人の存在に全く関心を持たない人がいます。

〈私の訪朝経験〉

初めて国外に出てから、日本の入管は一二〇回以上くぐっています。入国した国の数では三二、空港に立ち寄ったのが二ヶ国です。その中で朝鮮には一九九三、二〇一一、二〇一三、二〇一五、二〇一六、二〇一七、二〇一八、二〇一九年の八回、訪朝しました。

『月刊イオ』という在日朝鮮人の教

韓国・釜山
2017年9月、佐野撮影

育、民族継承を主な内容にした雑誌の編集部のブログである「日刊イオ」の二〇一九年六月二四日に「北朝鮮にも普通の人々の普通の生活があった」という記事があります（https://www.io-web.net/ioblog/2019/06/24/78645/）。

朝鮮民主主義人民共和国を初めて訪ねた日本人がよく書いたりする感想です。訪朝記などで、これまで何度も目にしてきました。このような感想を読むたびに、そんな当たり前のことをなぜ書くのかと考えてきました。

訪朝記を発表する日本人は、どちらかと言えば朝鮮に理解のある人が多いのでしょうし、日本で日朝友好や朝鮮学校支

朝鮮・平壌　2017年8月、佐野撮影

援の活動に取り組んでいる人たちも少なくありません。

そのような人がこのような感想を書くのは、日本における朝鮮のイメージ、情報が偏見に満ちたものであることの裏返しだと言えるでしょう。そのほとんどの原因はマスコミが作っています。朝鮮を揶揄したり、おどろおどろしいイメージを込めたものであったり、特殊で日本社会とはかけ離れた社会であるかのような報道がなされています。完全に間違った報道も多いですね。

人間が住んでいるところではだいたい、寝て起きて食事し学校や職場に通う、恋愛もするし喧嘩もする、泣いたり笑ったり、といった普通の生活があるものです。にもかかわらず、「普通の人々の普通の生活があった」という感想を書くのは、それほど日本社会に住む人たちの朝鮮に対するイメージが歪められていると考えているからなのでしょう。

この感想を見てまた思うのは、「普通」とは何かということです。自分の住んでいる社会を尺度にしたものにすぎないのではないでしょうか。

世界にはいろんな社会がありいろんな人間が住んでいます。若いころに本多勝一さんの『カナダ・エスキモー』という本を読んで、日本社会とずいぶんと違う生活の描写に夢中になったことがあります。

私が朝鮮に初めて行ったのは三五年ほど前ですが、初めて見た朝鮮は、もちろん普通の人たちの普通の生活もあったけれども、ずいぶん日本社会と違うなという印象を持ちました。社会制度の違いからくる、住民の考え方の違いが一番大きかった。その後も何度か訪問しましたが、行くたびに日本社会との違いを感じます。

「北朝鮮にも普通の人々の普通の生活があった」という感想は、歪んでいた朝鮮に対するイメージが修復されたことを表現したものなのでしょう。本当に朝鮮を初めて訪問しカルチャーショックを受けたという人も少なくないのですが、多くの人は私が書いたように、人々が暮らしている社会には普通の日本と同じような生活があることもわかっているはずです。朝鮮に対する偏見を拡散し敵対視する日本を批判するために、あえてこのような感想を書いていることがほとんどです。また、そのような感想を書いた人たちも、日本との違いも同時にたくさん感じとったことでしょう。

そもそもそんな歪んだイメージを持たなくていいように、お互いに自由に行き来でき正しい情報が伝わる関係に、一日も早くなることを願います。共通点も相違点もみんな含めて、お互いを理解し合うようになれればと思っています。

朝鮮に対する歪んだイメージは、それにより利益を得る人たちが意図的に作り出したものです。そんな人たちの存在は、朝鮮にとっても日本にとっても、不幸しかもた

らしません。（K）

一方、朝日新聞が海外の記事を翻訳して紹介するGLOBE＋の二〇一九年六月一五日には東亜日報の記事を翻訳した次のような記事がありました（https://globe.asahi.com/article/12449893）。

静まりかえる北朝鮮の「経済特区」　英国のインフルエンサーが訪問記

「これが本当に核戦争を起こす能力があるという国の経済特区なのか？　商取引でにぎわう中心地どころか、荒涼として静まり返っている。夕方になると犬の吠える声すら聞こえなかった」

英国の旅行作家兼ソーシャルメディアのインフルエンサー、トミー・ウォーカーさんは、二〇一九年二月末から三月初め、北朝鮮の羅先経済特区を訪れた感想を八日、オーストラリア最大のニュースサイト「ニュース・ドットコム」に掲載した。

北朝鮮当局は羅先特区を「活発な貿易活動の中心地」と宣伝しているが、彼が経験した内容はまったく違った。道端には広告の看板が一つも見当たらず、政治のポスターばかりだった。外国人が流入する自由貿易地帯だが、娯楽施設はなく、夕方になれば人影がなくなった。ウォーカーさんは羅先を「過去のまま時間が止まった場所」と評した。

（二〇一九年六月一〇日付東亜日報 チョン・ミギョン記者）

日刊イオの記事には英米を「鬼畜」と呼んだアジア太平洋戦争中が思い出されます。マスコミの操作によって簡単に人が鬼にされます。そして、トミー・ウォーカーのように自分の価値観からしか他人を見ることのできない人がいます。

〈朝鮮旅行は高いか——不当な「経済制裁」〉

さて、朝鮮旅行は高いかと言えば高いです。平壌に行くのに、わざわざ北京まで行ってほとんど同じ距離を戻らなければなりません。東京—平壌の航空運賃だけで一七万円はします。これは不当な「経済制裁」によるものです。先に記したように、一九九三年には私は直行便で平壌に行きました。日本の旅券には一九九一年まで渡航先として朝鮮を除くと記されていました。今、その記載がないにもかかわらず、平壌への直行便は飛ばせないのです。さらに朝鮮人が日本に来ることができません。学術的な交流（文献の交換）も遮断されています。朝鮮高校生が修学旅行に行って買ってきたおみやげまで没収されます。そうであるならば、行くことのできる我々が行って交流するしかありません。

同じようにアフリカやアジアの国々の若者は、経済的な理由で日本に来ることができません。人々はみな同じように一日八時間働いています（国によってはもっと短かったり、日本のように長時間働かされている国もあります）。同じように働いているにもかかわらず、同じようには支払われていないのです。本当はそのような不公正を取り除き、誰もが同じように行ったり来たりできるようにするのが本当です。しかし、それがすぐにはなされない現在、お互いを知るためには動ける側が動くしかありません。そして、自分の価値観と違う価値観を認めていく。それが大切ではないでしょうか。

（二〇一九年八月、日韓合同授業研究会第二五回交流会に寄せた文章）

〈あるがままに人々と交流しよう〉

在日本朝鮮文学芸術同盟（文芸同）東京支部舞踊部第一〇回記念公演を見た。どの演目もすばらしく、特に織物工場で働く乙女を描いた「絹糸をつむぐ乙女」、祖国解放のため闘った女隊員を描いた「雪が降る」、「高校無償化」からの朝鮮学校排除に反対する群馬のオモニ（母親）たちの「私たちの夢、私たちの心プロジェクト」を描いた「折鶴に込めた想い」には強い感銘を受けた。

しかし、ここではもう一つ、この公演が第一〇回記念公演であったため、文芸同の一九九一年からの一〇回の公演の歴史を紹介する「映像」が流され、その一コマを見て感じたことを記したい。それは、一九九〇年代の前半に朝鮮民主主義人民共和国から舞踊指導者が来て指導を受けたことがあるという話である。

一九九〇年代は、在日朝鮮人が祖国の人々と日本でふれ合うという当たり前のことが可能であった。私も一九九三年には名古屋から直行便で平壌に向かうことができた。しかし、現在の日本では、この朝鮮の人々と関係を結ぶというごく当たり前のことができていない。朝鮮の人々は日本に入ることができない。それが「制裁」であるというのである。朝鮮半島の核軍事化に対して「対話でなく圧力で」対処するための措置だという。一方で朝鮮は日本人を受け入れている。人と人が出会って交流することで、お互いを理解するという当たり前のことが、日本と朝鮮の間では非常にゆがめられた形になっている。

「高校無償化」からの朝鮮学校排除に抗議して、毎週金曜日、文科省前で朝鮮大学生たちが金曜行動を繰り広げている。その中で、ある学生は「朝鮮を悪魔化するマスコミには辟易する」と言っていた。朝鮮に対しては何を言っても許されるという日本のマスコミの態度がある。私は戦中の「鬼畜米英」という言葉を思い出す。七二年前まで、日本はアメリカ人を「鬼畜」だと信じていた。それまで隣にいて交際していた、べつに角があるのではないと知っていたアメリカ人まで日本から追い出した。アメリカ帝国主義、そしてアメリカ軍は許すことはできないが、アメリカにも人は生きている。その人間を「鬼畜」と信じ込まされていたのと同じことを今、朝鮮の人々に対してしていることに日本の人々はなぜ気付かないのか。

マスコミだけではない。市民運動系のある雑誌に、朝鮮を訪問して、そこの人々と交流してきたというごく当たり前のレポートが載った。すると、次号に「このレポートはほかの企画とは異質でひどすぎます」とし、「北には人治＝個人独裁があるだけです」という、そのレポートを否定する差別投稿が載った。私は編集部に、その投稿について「元のレポートは実際に体験し、見聞きしたことの報告である。私は投稿者を知らないが、氏は何を根拠にこの文章を記しているのだろうか。氏の言う「人権なき」とは、「人治＝個人独裁」とは、氏がどのように体験したことなのだろうか。アムネスティがとか、アメリカ合州国がという他者からの伝聞ではなく、氏の具体的根拠を示していただきたい」と抗議したが、編集部も投稿者と同じ考えで、抗議は全くむなしかった。朝鮮はなんらの根拠もなく「悪」なのである。それならばなぜ最初のレポートを載せたのかは疑問であるが。また、差別投稿では「北には」としている。最近の報道も含め、朝鮮を「北朝鮮」

とも称さず（ほんらい国名は朝鮮民主主義人民共和国であり、国名のどこにも「北」はない）、単に「北」と称することも相手を一つの「人格」と認めていない証左であろう。

一方、二〇一七年五月五日の毎日新聞には、「岸田外相がトルクメニスタンを訪れた際、同国大統領の出迎え要員として、競馬場の入り口で他国の外交官らとともに一時間前から整列させられていた」という記事があった（https://mainichi.jp/articles/20170505/k00/00m/010/139000c）。日本の外務省が他国に対して、こんなに「礼儀正しい」とは思わなかった。もし、韓国大統領が同じことをしたらどうであろう。そして朝鮮の元首に対しては、会談するといいながら、一緒に食事をすることもなく弁当持参で出かけた首相もいた。これらの基にあるのは日本の中にある朝鮮蔑視である。朝鮮に対しては何をしても良いという態度。これは植民地時代からの蔑視観がそのまま継続しているとしか言いようがない。

自分が朝鮮を嫌うことについて、朝鮮の「世襲」が云々（あえて漢字にする）と理由付けをする人もいる。しかし、百数十代にわたる「天皇」を憲法制度化し、権力者三代目を首相にし、二世、三世議員を多数かかえた国の人間が何を言うのだろうか。

「脱北者」云々をもって、「朝鮮には人権がない」などと言う人もいる。韓国映画「クロッシング」（これはネットでも見ることができる）には、韓国のキリスト教団体（ということは背後のアメリカの力）によって、脱北する気などなかった朝鮮人が「脱北者」に仕立て上げられていく姿が描き出されている。そして、日本から「頭脳流出」したり、あの世に脱出してしまう「脱日本者」が多数いる。日本の姿を客観的に見ることができずに、あたかも自分たちがとてもすばらしい国に生きているかのように感じて、朝鮮を批判する日本の人々がいる。

外務省の元官僚であり、広島平和研究所所長などを務めた浅井基文氏は、常に米日など他国家との合意・約束を破る「北朝鮮」という日本でのイメージに対し、次のように述べている。

私は一九九三年以来の米朝交渉及び六者協議を丹念にフォローしてきたつもりですが、約束に違反するのは常にアメリカであって朝鮮ではなかったことをかなりの自信を持って指摘することができます。これは、朝鮮としては約束違反したらどんな手ひどいアメリカの報復・懲罰が待っているか分からないから、そんなことは間違ってもできない、という単純な事実を踏まえさえすれば、実は誰にも理解できるはずのことなのです。実際に起こってきたのは、「米朝間（六者協議で）の合意→アメリカの違反行為→朝鮮の対抗措置→アメリカによる朝鮮の違反行動非難」というプロセスです。ところが日本国内では、最初のアメリカの違反行為が伏せられ（あるいは看過され）、朝鮮の対抗措置があたかも最初の「挑発」・違反行為として認識・報道され、アメリカの朝鮮非難が当然のこととして受け入れられる、ということになってきました。（浅井基文「眼を蔽う朝日新聞社説―「北朝鮮ミサイル　打ち上げ中止を求める」批判」同氏ホームページ「二一世紀の日本と国際社会」二〇一二年三月一八日、http://www.ne.jp/asahi/nd4m-asi/jiwen/thoughts/2012/432.html）

冒頭の文芸同公演「絹糸をつむぐ乙女」や「雪が降る」に見ることができるように社会主義の国朝鮮では確かに日本とは価値観が異なる。労働する者が尊いのである。しかし、日本における朝鮮否定は単に資本制社会の者が社会主義社会を否定しているのとは異なる。そこに存する朝鮮蔑視を考えなければならない。私は日本、韓国、ジンバブエという三つの社会で生活し、世界の三〇以上の国と地域を旅行して、世界のさまざまな国の中での日本と朝鮮の位置を考えてきた。経済成長していることが良いことだ、価値のあることだとは考えないが、日本の報道によって、あたかも朝鮮が世界の最貧国であるかのように考えている日本人がいる。日本の報道が世界の姿を伝えていないという問題、その中での日本の姿を伝えていないという問題がある。日本と朝鮮は隣国であるから、たがいにさまざま関心を持って当然である。しかし、そこには明治以来、形づくられてきた朝鮮蔑視がある。だから、同じ資本制社会である韓国についても、人々が個人の利益を代表した大統領を倒し、朝鮮半島の平和のための大統領を選んだ、まさに民主主義を実践したことに対し、「韓国の民主主義は未成熟だから」云々と平気で論評するコメンテーターがいる。

千葉市は「千葉市外国人学校地域交流事業補助金」として交付してきた補助金について、その補助金の交付を受けて実施された美術展において、「いわゆる従軍慰安婦をテーマとした絵に、『当時まだほとんどが二十歳も満たない少女たちが、儲け話があるといわれ連れてかれ、従軍慰安婦にされた。そこでは少女たちは人として扱われず性的暴行を受けて軍人らのおもちゃにされた。朝鮮人としての尊厳、女性としての尊厳を奪われた。そのことを戦後七〇年経った今日に至る長い間、口に出せなかった被害者達がいる。二〇一五年の一二月二八日に被害者達を象徴する少女像を撤去することを条件に保証金《（ママ）》一〇億円を支払うとし、この両国間の取り決めを「最終的且つ不可逆的に」解決したと宣言して、当時の日本軍の戦争犯罪を追及することが今後できなくなってしまった。私はこの事を知って被害者達の尊厳はどうなるのかと憤りを感じた。決して従軍慰安婦問題は忘れないことだけでなく大日本帝国の軍医によって性奴隷化が執行されたという点を認めること。日本政府が全ての犠牲者に法的効力を持つ謝罪と賠償をして、全ての人々の尊厳が尊重される社会を作り上げることが今を生きる我々の責任である』等という解説が掲出されていた」として、「前記解説には、いわゆる従軍慰安婦問題についての日本国民の多数の認識とかなりの乖離がある表現が含まれており、「美術展」において、このような表現が含まれている解説を掲出することは「地域住民との交流に資するもの」と言うことが極めて困難と言わざるを得」ないとして、補助金の交付決定を取り消した（「交付決定取消通知書」）。

この高校生の表現が日本国民の認識と「乖離がある」とされては、日本国民である私は納得がいかないが、そもそも違いのある中でたがいの立場を尊重することが交流である。東京朝鮮中高の文化祭「アンニョンハセヨ二〇一七」のテーマは「きっと好きになる朝鮮学校」であった。

東アジアの共同体＝平和を作り出すためには、人間の交流を作り出し、相手の考えている事を理解するしかない。しかし、日韓の、それも民間交流に熱心な人々でさえ、日本が植民地にした同じ朝鮮の人々と交流することが必要だと考えない日本の現実がある。

（『連続無窮』第二三号、二〇一七年八月三〇日）

〈朝鮮と国交正常化し、多くの往来を〉

「日朝友好を願う大学生・大学教員の会」が主催した「大学生・大学教員のための朝鮮ツアー」で訪朝した（八月二七日～九月一日）。これまでの訪朝と異なり、若い学生や教員と一緒だったので、プールや遊園地にも行った。

プールにはウォーター・スライダー（プールに入るすべり台）があり、みな列を作って並んでいる。昔の中国なら列を作るところには「外国人特権」があって、外国人は別の列になったりしたけれど、と思って列に並び、階段の上の方に近づいて、すべり台の滑り方を指導する係員の目に入るところまで行くと、その係員が「その外国人たちを先にさせなさい」と指示した。日本に「在日特権」はないけれど、朝鮮には「外国人特権」があるとびっくり。

しかし、水着姿でもやはり外国人と分かるのかと残念だ。係員は言葉の分からない外国人に、手を頭の上に置いてなどなど、指示を出すのが大変なので、先にさせたいのかもしれない。

平壌の街は二年前と比べても整備されている。平壌空港も新しいターミナルになっていた。今回のツアーでは、平壌外大の学生が全日程を同行してくれた。彼らは日本の学生と同じようにスマートフォンを使っている。農場での若い人たちとの交流もあった。

日本では「朝鮮に行けるのですか」と聞いてくる人がいる。一九七八年発行の筆者の旅券には「渡航先」として、This passport is valid for ALL COUNTRIES AND AREAS EXCEPT NORTH KOREA.「この旅券は北朝鮮を除いてすべての国と地域に有効」と書かれ、一九八三年発行の旅券には、This passport is valid for all countries and areas except North Korea（Democratic People's Republic of Korea）.「この旅券は北朝鮮（朝鮮民主主義人民共和国）を除いて……」と印刷されている。

そして現在の旅券には、This passport is valid for all countries and areas unless otherwise endorsed.「この旅券は特記事項がない限りすべての国と地域に有効」と印刷されている。

ややこしいことを書き並べたが、簡単にいえば現在、日本のパスポートを持って朝鮮に行くことは違法ではないということだ。

一方、経済産業省は、「外国為替及び外国貿易法に基づく北朝鮮に係る対応措置について」（二〇一五年三月三一日閣議決定）に基づいて「北朝鮮を仕向地とする全ての貨物の輸出禁止及び北朝鮮を原産地又は船積地域とする全ての貨物の輸入禁止等の措置」を取っている。これに基づいて不当にも私たちの朝鮮からのおみやげが調べられ、場合によっては「放棄」させられている。ある人たちは朝鮮を経済制裁することで、朝鮮を崩壊させるのだというさもしいことを言っているが、私たちのおみやげくらいで朝鮮経済がひっくり返るのだろうか。日朝の学術交流を阻害し（学術誌や書籍も輸出入禁止の対象だ）、すでに九年間、このようなことを続け、その効果をどのように判定し、今年（二〇一五年）の三月にも延長したというのだろう。

戦争をしたい日本の政府は敵国を作り出すしかない。戦争をしたくない私たちはさまざまな人たちと友好関係を築いていくしかない。今回のツアーは日本の大学生と朝鮮の大学生が六日間を共に過ごし交流するというすばらしい企画だった。筆者は自分が勤務する大学の海外プログラムを組むときでも、学生同士の交流ができるように準備する。人間個人として知り合うことが、相互の理解に不可欠だからだ。

チヘさん、ヘジョンさん、ハジムさん、ソンテさん、そのような個人名で知った友人のいる国と戦争することができるだろうか。

日本人だからといって私たちがみな安倍ではないように、世界の人びともみな違う。確かに私たちとは異なる考えをしているところもあるだろう。しかし、世界の多くの国と比較すれば、世界の多くの国と共通するものを朝鮮では感じることができ、日本の方が特異だということが言える。

日本政府の不当な「制裁」によって朝鮮の人間が日本に来ることができない現状の中で、朝鮮政府は日本からの渡航を受け入れている。

今は一方通行でも、可能な方から出かけての交流は大事だ。世界をありのままに見ることができるように、旅行のできる我々がどんどん旅行して、多くの人と出会いたいと思う。

（『朝鮮新報』二〇一五年一一月九日）

〈南北の似た景観に驚く〉

一九九三年から五回目の朝鮮。特にこの五年間には四回訪問して、どうやら市内の地理、東西南北がようやく分かってきた。当たり前のことだが、ここには人々の当たり前の暮らしがある。韓流がブームとなり、歴史を踏まえているかという問題はあっても、日本から多くの人びとが南に行き、また市民団体などが南の人びとを招いたりしている。その人たちがなぜ同じく北にも人びとがいることを考えないのか、残念でならない。昨年の訪朝後、ソウルに行く機会があった。漢江の脇に建つ高層アパートを見ながら、大同江から見た街とデザイン的にも似ていてビックリしたことがある。九三年に、それまで南に行っていた身で初めて北に来て、北も南も庶民は一緒だと感じたことと通じている。

今回は、科学技術殿堂、自然博物館という開館したばかりの新しい施設を見学させてもらった。この二つが自然科学系であり、案内員も金日成綜合大学を出たばかりの若い女性であることに、これまでの哲学を中心とした、そして大学者が相談を受ける（ただし、日本と違って、この相談を受ける大学者には女性もいる）人民大学習堂的なものからの大きな変化を感じた。

また信川《シンチョン》博物館、祖国解放戦争勝利記念館というアメリカの蛮行を示す場所にも行くことができた。住民に対する虐殺蛮行は日本軍も行なったわけであるが、一方、日本にいた非戦闘員も（日本人も朝鮮人も）アメリカの核爆弾によって虐殺された。そのことを忘れて、対米従属する安倍政権の姿を思い、戦争をなくし、朝鮮の平和統一がなしとげられなければならないと強く感じた。

一九九三年には名古屋から平壌まで直行便で行った。それが二一世紀になって、なぜ一日かけて北京まで行き、また戻らなければならないのか。みやげの日本持ち帰りを心配し、学術団体の雑誌相互交換さえなされ得ない日朝の状況である。植民地支配を正しく謝罪し、日朝国交正常化をすぐになさなければならない。

（二〇一六年訪朝報告）

〈国連制裁決議と戦勝記念館〉

八月三～一〇日の平壌滞在期間、さまざまなところを案内していただいた。

すでに六回訪朝し、とくに一一年からの六年の間に五回訪問した。この三年間は毎年だ。たび重なる訪問でも、毎回新しい場所に案内していただいた。また綾羅《ルンラ》小学校のように重ねて訪問もできて感謝である。

その中でも、七日に訪れた祖国解放戦争勝利記念館が印象深い。昨年も案内してもらったが、その日は、国連安保理が「制裁決議」第二三七一号を採択したことと関連して朝鮮政府が声明を発表した日だった。後にテレビで知ったが、翌々日には金日成広場で政府声明支持大集会が開かれるなど、激動の中での参観で大きな感動であった。

祖国解放戦争（一九五〇～五三年）で破壊された平壌の街。米軍は四〇万人の人々がいるところに四二万発の爆弾を落とした。

停戦協定の締結から六四年が経った今、平壌の街にはきれいに新しい建物が建っている。黎明通り、未来科学者通りなども案内していただいた。戦争をしてはいけない。このきれいな街を爆弾で壊すようなことをしてはいけない。人々の暮らしを壊してはいけない。

爆弾を落とす代わりに、そのお金で人々の食べ物や衣類を購入し、世界に多くある食べ物、衣類の不足する国々に正に「投下」すれば良いのに、米国を軸とする国家は爆弾を買い、戦闘爆撃機を買い、それらを無駄に壊す。

日本国政府は落ちるので有名な危ないオスプレイの配備を容認している。すべてが資本のための論理である。

日本に戻り、ほとんどテレビを見ることのない私にも入ってくる「『北』の戦争挑発」騒ぎ。最初に仕掛けた方が「挑発」しているのであり、より力を持っているものが「挑発」しているというのが、言葉の正しい使い方であろう。

石川県の谷本知事は六月二一日、「兵糧攻めにして北朝鮮の国民を餓死させなければならない」と発言した。そのような力ではなく、外交によってお互いの間の紛争を解決しなければばならない。

日本の民衆と朝鮮の民衆の交流が必要であり、それをわずかなりとも実現できた「千葉ハッキョの会　第二次訪朝団」であった。

武力では戦争は防げない。


（『朝鮮新報』二〇一七年一〇月六日）

〈学術交流について語り合う〉

七月はじめ、中国延吉市・延辺大学で「朝鮮半島研究国際会議二〇一八」が開催された（延辺大学朝鮮半島研究院主催）。私は、康成銀《カンソンウン》朝鮮問題研究センター長をはじめとする朝鮮大学校の方々の配慮で、朝鮮・社会科学院の研究者や朝鮮大学校、韓国、中国から一二〇人が参加したこの会議に、ただ一人の日本人として参加させていただいた（この他、ロシア、ドイツ等々からも参加）。

四月二七日の板門店宣言時の挨拶が、南北在外の朝鮮人に呼びかけられたように、南北、在日、在中国の朝鮮人が一同に会し、相互の認識の違いを認識し、相手を理解しようとするこの会議はとても感銘深いものだった。そして、研究の場では意見の相違があっても、研究会が終わった会食の場で、共に乾杯を繰り返し、共に肩を組んで歌い、抱き合って踊る姿は、まさに板門店時代を象徴し、感動的な姿であった。

しかし、日本の現状はどうであろうか。神戸朝高の子どもたちの修学旅行のおみやげまで没収するという「対朝鮮経済制裁」と称する愚挙が報じられているが、学会が朝鮮との研究交流をするために行う学術誌の交換までもが、「対朝鮮経済制裁」の名の下に制限され、行なうことができない。「対朝鮮経済制裁」の名の下、朝鮮民主主義人民共和国から研究者を日本に招聘して共に語ることもできない。

そんな状況の中での訪朝であったので、私たちの招聘機関である対外文化交流協会に事前にメールを送り、社会科学院を表敬訪問したい、今後の日朝学術交流について協議したいとお願いしておいた。訪朝五日目、訪問団の他のみなさんが切手博物館等を参観している間、宿舎である平壌ホテルに、社会科学院から延吉でお目にかかったリ・ジョンヒ対外事業処責任委員ともう一方、シム・スンゴンさんが訪ねてきて下さり、日朝学術交流の現状について、率直に語り合うことができた。

康成銀センター長によると、一九七二年に、高松塚壁画調査のため、南北の調査団が同時期に来日した後、一九八九年には東京大学で開催された「第二回東アジア歴史教育シンポジウム」に南北研究者が参加したという。また、一九九〇年、二〇〇〇年に日本で開催された学術討論会やシンポジウムに南北の研究者が参加しているという。

学問の周辺にも、植民地近代化論などの歴史修正主義、植民地主義が忍び込んでいる日本でこそ、南北、在外の研究者が参加し、交流する研究会がなされなければならない。学術交流をも妨げる不当な「対朝鮮経済制裁」を打ち破り、朝鮮の研究者が日本に来ることのできる状況を作らなければならない。相手を人間として認識し、知ることによって、学問も進んでいく。リ・ジョンヒさん、シム・スンゴンさんと次は日本で再会したいものである。

（『朝鮮新報』二〇一八年一〇月三一日）

〈朝鮮は二週間でも足りない〉

日本キリスト教協議会訪朝団（七月二七日〜八月一日）、千葉ハッキョの会訪朝団（八月一日〜八日）のメンバーとして一三日間を朝鮮ですごした。

千葉訪朝団の訪問地は、板門店、南浦、白頭山と地方に広がっていたため、平壌市内の参観が少なくなり、日本キリスト教訪朝団が訪れた朝鮮革命博物館には行けなかった。ちなみに、事前学習をして白頭山に行くと、感動がよりいっそう高まる（青峰宿営地にも行った！）。

地方にも行きたい、平壌も見たいと思うと、二週間でも足りないという感じだ。

すでに八回も、それもこの五年間に毎年訪問していれば、同じところばかり回るだろうと言われそうだが、お招きいただく朝鮮対外文化交流協会（対文協）の配慮によって、毎回新しい場所に案内される。

そして、それは毎年朝鮮が発展しているという証

朝鮮観光記念旅券

拠でもある。初めて行った白頭山の周辺では山間都市の建設中だった。平壌市内も毎年変容している。

朝鮮の主要観光地（最初は平壌国際空港から）に行くと「朝鮮観光記念旅券」というものがある。それを持って西海閘門にいたる二〇の観光地に行くとスタンプを押してもらえる。昨年と今年で九つのスタンプを押してもらった。他に五ヵ所を訪問したのにスタンプを押し損ねた。六ヵ所には（前を通りすぎた所もあるが）まだ行っていない。私の当面の目標は、スタンプ達成だ。

東海岸にも行ったことがない。「万景峰92」号が往復していれば朝鮮への入り口は元山だ。早く不当な「経済制裁」をやめさせ、私の行っていない東海岸から朝鮮に入れるようにしたい。

朝鮮には二週間滞在したが、日本の仲間と一緒で、対文協の案内者の流ちょうな日本語を耳にしていたこともあり、朝鮮語に浸かったという気がしない。南朝鮮で、カナダで、台北で、北京で、それぞれ二週間前後すごしたときは、言葉に少しは慣れたかなという気がするのに、ちょっと残念だ。

いつかは朝鮮語学習者を集めて「朝鮮語で旅する朝鮮ツアー」を企画してみたい。

（『朝鮮新報』二〇一九年一一月二九日）

# 第三部
# 教育はどう奪われようとしているのか

〈日本を、取り戻す〉

「日本を、取り戻す。」と題され、安倍晋三の顔が大きく表紙に描かれた自民党の二〇一二年選挙パンフ（自民党ホームページで見ることができます https://www.jimin.jp/election/results/sen_shu46/）。おまえたちなんぞに奪われてたまるかと思いつつ、大きく奪われてしまった今の日本。

「遅れる復興、長引くデフレ、わが国固有の領土・主権に対する外国の挑発」が「国難」なのだそうです。

アクション1が「経済再生」、アクション2には「教育再生」、ここでも「教育を、取り戻す。」として教育を奪っていこうとしています。アクション3は「外交再生」、アクション4は「暮らしの再生」、後ろに「自民党政策BANK」なるものが付けられて、最後は「憲法改正」に続く、このパンフ。「危機的状況に陥ったわが国の「教育」を立て直します。」とする、その内容は何でしょうか。まず「自民党政策BANK」の教育関連項目をざっと見てみることにしましょう。

〈教育・人材育成〉

・「教育再生実行本部」の提言を、改正教育基本法に沿って着実に実行し、子供《ママ》の「教育を受ける権利」を守るため、大人が責任を果たします。

・教育基本法の理念に基づいた「人間力」と「基礎学力」の向上に努めます。（道徳教育の充実、高校で新科目「公共」設置、「土曜授業」の実現や、悉皆《しっかい》の「全国一斉学力テスト」の継続など）

・現在の単線型でなく、多様な選択肢（複線型）を可能とするため、六・三・三・四制の見直しにより、「平成の学制大改革」を行います。

・教育基本法が改正され、新しい学習指導要領が定められましたが、いまだに自虐史観や偏向した記述の教科書が多くあります。子供《ママ》たちが日本の伝統文化に誇りを持てる内容の教科書で学べるよう、教科書検定基準を抜本的に改善し、あわせて近隣諸国条項も見直します。

・「いじめは絶対に許されない」との意識を日本全体で共有し、「加害者にも、被害者にも、傍観者にもしない」教育を実現します。

・今すぐできる対策（いじめと犯罪をはっきり区別、道徳教育の徹底、出席停止処分など）を断行するとともに、「いじめ防止対策基本法」を成立させ、統合的ないじめ対策を行います。

・「いじめ防止対策基本法」の制定により、いじめ対策に取り組む自治体を、国が財政面などで強力に支援します。

・いじめ問題でも明らかになった、現行の無責任な教育行政システムを是正するため、首長が議会の同意を得て任命する「常勤」の「教育長」を教育委員会の責任者とするなど、教育委員会制度を抜本的に改革します。

・いじめの隠ぺいなど、地方教育行政において、法令に違反している、あるいは児童生徒の「教育を受ける権利」を著しく侵害するおそれのある場合、公教育の最終責任者たる国が責任を果たせるよう改革します。

・世界のリーダーとなる日本人を育成できる、力ある教師を養成するため、「教師インターンシップ」を導入するなどの改革を行います。

・教員の政治的中立を徹底するなど、適正な教育内容を確保し、教職員組合の適正化を図ります。

・「青少年健全育成基本法」を制定します。

・幼児教育の無償化、義務教育での就学援助制度の拡充、高校・大学における給付型奨学金の創設に取り組みます。

・高校授業料無償化については、所得制限を設け、真に「公助」が必要な方々のための政策に転換します。

・「大学力」は国力そのものであり、大学教育の見直しや、質・量ともに世界トップレベルとなるよう大学強化などを行います。

・高校在学中に何度でも挑戦できる達成度テストの創設などを行い、大学入試を抜本的に改革します。
・大学九月入学を促進し、高校卒業から入学までのギャップターム（半年間）などを活用した大学生の体験活動の必修化や、学生の体験活動の評価・単位化を行います。
・日本人の海外留学の大幅増や、優秀な留学生を戦略的に獲得（当面二〇万人目標）するため、国費留学生を拡充するなど、積極的に支援します。
・きめ細やかで適切な特別支援教育を推進します。
・孤立しがちな若い親に対する家庭教育の支援体制を強化します。
・通学路の安全を確保するなど、安心して通学できる環境を整備します。

〈科学技術・文化芸術・スポーツ立国〉

・「科学技術・イノベーション推進」の国づくりに取り組むため、人材・予算・制度や研究体制の改革など、科学技術基盤を根本から徹底強化します。
・海洋資源開発、宇宙開発、G空間（地理空間）情報プロジェクトなど国の未来を拓くニューフロンティアへの挑戦を加速します。
・少子高齢化社会を新たなフロンティアととらえ、わが国の最先端技術で課題を解決し

ます。（ＩＣＴ、バイオ、ロボット技術、再生医療などの活用による医療、介護分野のシステム・サービスの革新）
・文化が新たな国富を生み出す観点からも、既存施設の改修や人材の積極的育成など、世界に誇るべき「文化芸術立国」を目指します。
・地域の伝統・文化を守りコミュニティを支える取り組みを支援します。
・二〇二〇東京オリンピック・パラリンピックの被災地での競技開催、キャンプ地の全国展開を実現します。
・スポーツ庁・スポーツ大臣を創設します。

〈すべての「改革」の理由とされる「いじめ」〉

二〇〇六年の教育基本法改正の際の手法がそのままに、「いじめ」が前面に出され、それが「教育行政システム」にまで結びつけられています。二〇一三年一月一五日内閣に「教育再生実行会議」が置かれ、二月二六日「いじめの問題等への対応について」という（第一次提言）が出されています（http://www.kantei.go.jp/jp/singi/kyouikusaisei/pdf/dai1_1.pdf）。それに附属する「参考資料」（http://www.kantei.go.jp/jp/singi/kyouikusaisei/pdf/dai1_2.pdf）には「いじめの「認知」件数　経年変化」というグラフが付されています。そこには「一九九四年度と二〇〇六年度にいじめの定義を変更。その直後の調査では、いじめの認知件数が増加」

と記されていますが、件数自体は小・中・高校・計とも右下がり（減少）のグラフとなっています。学校と直接のつながりをもっていない人たちには、現在の学校のようすがわかりません。テレビなどで「いじめ」を取り上げれば、いかにも現在の学校がいじめ問題で困っているかに見えます。学校だけでない今の社会が「いじめ」におおわれた社会だという事を人々が感じているので、よりそのように感じるのかも知れません。先ほどの資料の「経年変化」の上には、〈「仲間はずれ、無視、陰口」の被害経験〉という項目があります。国立教育政策研究所の一九九八年から二〇〇九年の調査です。その結果には、興味深いものがあります。「「週に一回以上」という高頻度の被害経験があると答えた生徒は毎回七〜一四％程度存在。それが半年後まで続くのは半分以下であり、被害者・加害者は大きく入れ替わっている」ために「いじめは、どの子どもにも起きうるものである」という結論に結び付けられています。ここでは、個々のケースの解明はなされていませんから（引用された元の調査報告でも）、「半年後まで続くのは半分以下」の理由は示されていませんが、逆に言えば、学校には自浄能力があるということです。教員たちは、自民党が主張するのとはまったく逆に、子どもたちの関係に注意をし、問題があれば指導し、しかし、それがまた別のところで起きているということができます。そして、その原因は、先に述べた社会が「いじめ」におおわれているということです。二〇一二年四月から五

〜六ヶ月間（調査期間が幅を持っている理由は元の調査報告を見ても良く分かりません）にいじめの認知件数は一四万四〇〇〇件とされ、そのなかで「学校として児童生徒の生命又は身体の安全がおびやかされるような重大な事態に至るおそれがあると考える件数」は、二七八件（小学校六二件、中学校一七〇件、高等学校四一件、特別支援学校五件）であったとされています。もちろん、いじめで生命がおびやかされる事態になることは一件でもあってはなりませんが、全国で六七六万五〇〇〇人の小学生、三五五万三〇〇〇人の中学生、三三五万六〇〇〇人の高校生、一三万人の特別支援学校在学生、合計一三八〇万四〇〇〇人の子どもたちの中でのことです。そして、この件数は先生たちが「重大な事態に至るおそれがあると考え」た件数で、実際に二七八人の子どもが亡くなっているわけではありません。一方、人の生命が奪われるというならば、年間三万人を超す自殺者の方は、実際に生命を失った人の数です。しかし、この三万人の人たちは報道されることもなく、また当然、自民党の政策課題になることはありません。

〈道徳教育の徹底〉

念のために申し上げると、私は「いじめ」が減っていると言いたいのではありません。先ほどの調査にも、「いじめの定義を変更。その直後の調査では、いじめの認知件数が増加」

とあったように、調査の仕方で数値はいくらでも変わります。「教育再生実行会議」の「提言」は「参考資料」との整合性も考えていないという事を確認したかったのです。

「いじめ」を「改革」の理由として持ち出す根拠がないという事を確認した上で、どのようなことが言われているかを見てみましょう。「道徳教育の徹底」という言葉がります。これも、「参考資料」によると、すでに、九九・九％の小・中学校に「道徳教育推進教師」が配置され、標準三五時間の「道徳」の時間が小学校三五・七単位時間、中学校三五・一単位時間と標準授業時数を上回って教えられ、しかもその教材として（私たちから見れば）問題のある『心のノート』（文科省が作成して全国の国公私立学校に配布している道徳教材）が小学校で九〇・六％、中学校で八四・九％使われていると言います。これだけ、文科省「道徳」が徹底されている中で、さらに「徹底」をはかるとしたら、戦前の「修身」のように、教科として「成績」をつけるということくらいしか考えられないでしょう。子どもたちは「テスト」があると言えば、与えられた『心のノート』を丸覚えするくらいはするかもしれません（現在の『心のノート』は戦前の修身教材のように、これを覚えなさいという徳目的な文章記述ではなく、心理的に子どもたちを誘導する作りになっています。また、戦前も「修身」でテストがあったようではありませんが）。しかし、それが道徳性の涵養に結びついたり、ましてや「いじめ」の防止に役立つとは誰も考えられないでしょう。

（小学校では二〇一八年度から、中学校では二〇一九年度から「特別な教科　道徳」として教科化され、検定教科書が使われるようになりました）

〈無責任な教育行政システム〉

次に問題とされているのが、「現行の無責任な教育行政システム」です。その前に、日本の教育行政システムについて、少し説明しましょう。一九四七年までの日本の教育は「国の事務」として、教育的営造物すなわち学校の設置および維持が地方公共団体への委任事務として行なわれていました。このことと直接結びつくものではありませんが、教育に関する基本法令は、議会の関与を排して勅令として制定されました。教科書は国定として、文部省が作成した教科書が全国の学校で使われました。その内容は天皇制・国家神道の浸透をめざすものでした。

一九四七年に制定され、一九九九年に改正されるまでの地方自治法は、第二条に「地方公共団体」の事務を例示して、第三項第五号に「学校、……その他の教育、学術、文化、……に関する施設を設置し若しくは管理し、又はこれらを使用する権利を規制し、その他教育、学術、文化、……に関する事務を行うこと」と定めていました。一九四八年には「教育委員会法」が作られ、都道府県と市町村に「日本国民たる都道府県又は市町村の住民が」委員を選挙する（一人は議会の議員から議会が選挙）教育委員会が置かれました。また、「教育委員会の指揮監督を受け、教育委員会の処理するすべての事務をつかさどる」者として専門の免許状を有する教育長が置かれるとしました。しかし、公選制を嫌った自民党政府は一九五六年、教育委員会法を廃して、「地方教育行政の組織及び運営に関する法律（略称：地教行法）」に変え、教育委員は「地方公共団体の長が、議会の同意を得て、任命」し「当該教育委員会の委員（委員長を除く）である者のうちから、教育委員会が任命する」教育長を置くことにしました。

ですから、現在の教育委員会制度でも、委員は首長が任命しており、教育長も事実上、首長が定めた上で、教育委員会にはかるという状況です。ですから、教科書採択にあたって、首長が変わると教育委員が変えられ、そして「つくる会」教科書が採択されるという事がなされてきました。確かに、制度の一面では教育委員会が首長部局と独立した組織となっているので、大阪市立桜宮高校の「体罰事件」で、橋本市長が教育委員会に入試を中止させる（教育委員会はその圧力を受けて、入試直前に体育系学科を普通科に転換する）という事態は制度の上からは不当な干渉でした。そこで、「首長が議会の同意を得て任命する「常勤」の「教育長」を教育委員会の責任者とする」として、教育行政もすべて首長の下に置こうとすることとつなげています。

また、教育委員会は会議ですので、一応会議の公開が地教行法第一三条に定められています（実際にはただし書きによって、公開されないことが多くありますが）。教育行政が教育長によって行なわれるとなれば、現在の委員会制でない他の職務の執行と同じく、住民にはその職務を監視することができません。

さて、地教行法では「文部科学大臣は都道府県又は市町村に対し、都道府県委員会は市町村に対し、都道府県又は市町村の教育に関する事務の適正な処理を図るため、必要な指導、助言又は援助を行うことができる」として、教育行政機関の間は上下関係ではなく、地方自治体が固有事務としての教育に関する事務を行なう上での「指導、助言」をはかるということになっていました。ところが、二〇〇七年、第一次安部内閣の教育政策の下、文科大臣が都道府県教育委員会、市町村教育委員会に「指示」ができることに変えられてしまいました。実際には、この「指示」がなされることがなかったので、「公教育の最終責任者たる国が責任を果たせるよう改革」ということが記され、しかも国を「公教育の最終責任者」と規定しています。教育が実際に子どもにかかわる教員の手から奪われ、国が定めたことを一律実施するのだという戦前の形に戻っているといえます。

〈教師インターンシップ〉

「戦前の形」といって、教育委員会制度がなく、文部省の指示の下に教育が行なわれていたという理念、構造の上では確かにそうなのですが、戦前は教員にもう少し自由がありました。確かに「師範型」といわれる教員養成の中で、天皇制に、上からの指示に、忠実な教員作りが目指されました。しかし、現在のような情報の一元化はありませんでした。「学級王国」といわれるように、学級での実践を行なうことが可能でした。村の中で、教員は学校に行った人としてそれなりの尊敬を受けることも可能でした。田山花袋の『田舎教師』などでも、休みの間は自由に行動することができました（戦後も一九八〇年代初めまでは可能でした）。そこで、次に狙われているのが、教員の行動をしばることです。ここではまず、「教師インターンシップ」の導入ということが言われています。

二〇一二年一一月自民党教育再生実行本部「中間取りまとめ」の中では、「教師インターンシップ制度」について、次のように説明されています。

・大学、大学院卒業後、准免許を付与し、インターンシップ（一〜二年間）を経て、採用側と本人自らが適性を判断する。

・インターンシップ修了後、認定の上、本免許を付与して正式採用する。

教育における経済的なふるい分けがさまざまな側面に及んでいます。象徴的な例が司法試験でしょう。以前なら、学歴がなくても誰でも司法試験を受験し、合格すれば、国の金で修習することができました。しかし、現在では、二年ないし三年の法科大学院に行かなければならず（当然その前に四年制大学を卒業しなければならず）、幸いにして司法試験に合格しても一年の司法修習期間を自分の蓄えで、もしくは借金をすることで暮らさなければなりません（二〇一七年から再び給費に）。しかも、司法試験の合格率は二割程度です。同じ事が教員についてもなされようとしています。かつてであれば、給費、もしくは奨学金の返還猶予、免除という制度があった教員養成が、やはり自分の金で大学まで（さらには大学院卒業もいわれています）行かなければならず、しかも、その後のインターンの後で認められなければ、それまでの努力が消えてしまうことになるのです。教員は雇用主である教育委員会等の顔色をうかがうことしかできないでしょう。そこまで教員を縛った上で、さらに教員組合をつぶそうとしています。「教員の政治的中立を徹底するなど、適正な教育内容を確保し、教職員組合の適正化を図ります」という項目です。教員の締め上げげには、さまざまな教員評価も用いられています。大阪府では、小学校は保護者、中学校は保護者と生徒、高校は生徒にアンケートを記入させ、教員評価に結びつけるといいます（『朝日新聞』二〇一二年八月二四日）。「いじめ」問題を「教育改革」の口実としながら、児童生徒に教員の評価をさせるという教員と児童生徒の立場を逆転させるような事をして、子どもたちの指導が可能でしょうか。
教員が締め上げられているという事は、子どもたちも自由でないという事です。ある学生の意見に次のようなものがありました。

・日本の国家の悪いところばっかり指摘して、良いところは全く見ようとしないのはよくないと思った。保育園にそんな先生がいたらクビになっちゃうのに変だなあと思った。

自らが社会の主体であり、主権者であるという意識は奪われています。「先生、デモっていけないものでしょう」と尋ねてくる学生がいます。彼らが生まれてから、日本ではストライキも行なわれておらず、デモもサボも知りません。

〈教育内容〉

政策ＢＡＮＫでは先にもどりますが、教育内容についても、「いまだに自虐史観や偏向した記述の教科書が多くあります。子供《ママ》たちが日本の伝統文化に誇りを持てる内容の教科書で学べるよう、教科書検定基準を抜本的に改善し、あわせて近隣諸国条項も見直します」という言及があります。

現在授業をしていて、学生たちの中国・朝鮮を敵視した発言にぶつかり、びっくりすることがあります。例えば、「日本の技術や文化を勝手にまねて、自分達の文化だと言い張る中国や、日本で、アイドルを売り出し、お金を稼ぐわりに、日本のアイドルを拒絶する、自分勝手な韓国、ミサイルや、核を開発したり、日本から、人をさらったりと、構ってくれ的な行動をする北朝鮮、これらを私自身も、良くは、思っていない」などと。

同じような学生の反応があることを、やはり朝鮮教育史を専攻としている、とはいえ、私と同様に大学の科目としてはもっと一般的な「教育学」を担当している友人からも聞きました。

現在の日本は、活字でも「つくる会教科書」のように、うそ、でたらめのあふれた社会です。私はテレビをほとんど見ないのですが、先日、友人からある番組を教えてもらったところ、朝鮮に関係する、ほとんどでたらめな内容が「権威者」の口を通して語られるので、びっくりしました。学生たちが、私などの授業を聞いても、テレビやネットで語られる方が本当だと思うのは、仕方ないかもしれません。戦前の教育では、初等教育と当時では受ける者の少なかった高等教育では、教えることが異なりました。例えば、神話の上では天皇が雲に乗って降りて来ると教え、信じさせても、航空力学の上では人間が雲に乗れては困ります。いま、自然科学については将来の技術者として荒唐無稽なことは教えることができないとしても、社会科学については偽りを教えようというのです。二〇〇一年に「つくる会」教科書がその最初に「歴史は科学ではない」と述べようとしたことが思い出されます。

〈高校授業料無償化所得制限〉

世界の国々は国際人権規約（社会権規約）一三条二項で次のように教育の無償化を目指しています。

二　この規約の締約国は、一の権利（教育の権利——引用者）の完全な実現を達成するため、次のことを認める。
（a）初等教育は、義務的なものとし、すべての者に対して無償のものとすること。
（b）種々の形態の中等教育（技術的及び職業的中等教育を含む）は、すべての適当な方法により、特に、無償教育の漸進的な導入により、一般的に利用可能であり、かつ、すべての者に対して機会が与えられるものとすること。
（c）高等教育は、すべての適当な方法により、特に、無償教育の漸進的な導入により、能力に応じ、すべての者に対して均等に機会が与えられるものとすること。

しかし、日本国はこの第一三条二項（b）（c）を二〇一二年九月一一日まで「留保」していました。「留保」というのは、条約によって負うべき義務をその国においては従わない事を宣言する事をいいます。世界の国々が「無償教育の漸進的な導入」という表現によって、経済的に貧しい国で現在の無償化が困難であっても、将来はすべての人に教育の機会を与えるのだということを約束しているにもかかわらず、世界の水準を日本は守らないという事を宣言していたのです。

二〇一〇年四月一日、「公立高等学校に係る授業料の不徴収及び高等学校等就学支援金の支給に関する法律」が施行されました。いわゆる「高校無償化」法です。「無償化」法という名が先に立って、十分に理解されていない制度ですが、この法律は公立高校の授業料を無償（不徴収）にしました。しかし、日本の高校は私立校が四分の一強を占めるので、私立高校等の生徒には、高等学校等就学支援金として、公立高校の授業料に相当する金額である年額一一万八八〇〇円が支給されます。高等学校等就学支援金は、学校が生徒本人や保護者にかわって受け取り、授業料の一部と相殺するしくみになっています。受給権者は高校生です。この制度の実施によって「私立校中退　経済的理由最少に」（日本経済新聞、二〇一一年五月二八日）、「高校の再入学者一三パーセント増」（『朝日新聞』、二〇一二年一月五日）という効果があったといわれています。

しかし、自民党政権は、「高校無償化」への所得制限を加えようとしています。さらには、「相続税」対策として、教育資金を一五〇〇万円まで非課税で生前贈与できるという制度を作り上げました。あくまで世界の潮流に抵抗し、教育は有償だ、貧富の格差を教育によって維持するのだという姿勢を貫いています（二〇一四年からは法律名から「公立高等学校に係る授業料の不徴収及び」が外され「高等学校等就学支援金の支給に関する法律」とされ、所得制限が始まりました）。

現在、高校を終えて、さらに進学する大学等進学率、専修学校（専門課程）進学率の都道府県別第一位は京都で、それぞれ六六・四％と一三・五％の計七九・九％（東京は第二位で六五・七％、一二・〇％の計七七・七％、全国は五三・五％、一六・八％の計七〇・三％）です（文科省学校基本調査――二〇一二年度（確定値）結果の概要）。一方、二〇一〇年の調査で全国の世帯の五・九％が所得金額一〇〇万円未満、続く一二・六％が一〇〇万円以上二〇〇万円未満、ここまで世帯の一八・五％、続く一三・五％（累計三二％）の世帯が二〇〇万円以上三〇〇万円未満です。三分の一の世帯が所得三〇〇万円未満であるにもかかわらず、私立文系で年間一五〇万円にもなる大学授業料を八割の家庭が負担できるのでしょうか。

かつて、教育は「蜘蛛の糸」といわれました。非常に細い、しかも頼りないものだけど、その頼りない糸である教育を伝って、確かに階級移動することのできた者がいました。しかし、今の学生は教育を受けるために奨学金等の借金地獄に陥り、「蜘蛛の糸」ならぬ

「蜘蛛の巣」に絡め取られているのです。

〈朝鮮学校排除〉

「政策ＢＡＮＫ」に現れていなくて、安部政権が執権後、直ちに行なったことが「高校無償化」制度からの朝鮮学校の排除でした。「高校無償化」法は、その対象を「高等学校」だけでなく、同年齢の子どもたちが通う中等教育学校の後期課程・特別支援学校の高等部・高等専門学校（第一学年から第三学年まで）と専修学校及び各種学校としています。二〇〇九年秋、文部科学省が財務省に提出した概算要求でも朝鮮学校などの外国人学校を含めて試算がされていました。ところが、一部政治家が朝鮮学校をこの法案の対象から外す動きを行ない、二〇一〇年四月一日公布・施行された同法の「施行規則」では次のように規定しました。

第二条第一項第五号に掲げる専修学校及び各種学校のうち高等学校の課程に類する課程を置くものとして文部科学省令で定めるものは、次の各号に掲げるものとする。

2　各種学校であって、我が国に居住する外国人を専ら対象とするもののうち、次に掲げるもの

イ　高等学校に対応する外国の学校の課程と同等の課程を有するものとして当該外国の学校教育制度において位置付けられたものであって、文部科学大臣が指定したもの

ロ　イに掲げるもののほか、その教育活動等について、文部科学大臣が指定する団体の認定を受けたものであって、文部科学大臣が指定したもの

ハ　イ及びロに掲げるもののほか、文部科学大臣が定めるところにより、高等学校の課程に類する課程を置くものと認められるものとして、文部科学大臣が指定したもの

もともと、イ、ロ、ハと分ける必要もなく、「我が国に居住する外国人を専ら対象とするもの」と規定するだけで十分なはずです。それをこのように三つに分けたのは、朝鮮学校を排除するためでした。この「文部科学大臣が指定したもの」は、二〇一〇年四月三〇日に告示されましたが、朝鮮学校を除いて、イ、ロにあたる外国人学校三一校だけが告示されました。民主党政権は「審査」名目で、朝鮮高校を就学支援金の対象としませんでした。そして、安部政権は政権を奪取するやいなや、この省令を改正してハをなくし、「本国」や「国際団体」によって認められることのない朝鮮学校は、「無償化」の

対象としないのだとしました。

このような朝鮮学校排除の動き、逆に言えば、朝鮮という仮想敵国作りの中で、自治体の中には、これまで朝鮮人が住民として、日本人と共同で行政に働きかけ作り上げてきた補助金を首長の判断で勝手に停止するところが現れました。

国際社会では、早くも制度の施行される前、二〇一〇年三月一二日に人種差別撤廃委員会総括所見が「C．懸念と勧告／二二……委員会は、子どもの教育に差別的な効果をもたらす以下のような行為に懸念を表明する」として「（d）外国人のための学校や、締約国に居住する韓国・朝鮮や中国出身者の子孫のための学校が、公的扶助、助成金、税の免除にかかわって、差別的な取り扱いを受けている事、そして／（e）締約国において現在、……高校教育無償化の法改正の提案がなされているところ、そこから北朝鮮系の学校を排除すべきとの提案をしている何人かの政治家の態度」という勧告がなされています。

〈社会の共同性を〉

以上見てきたように、安部政権の教育政策は、本来人と人の共同性を学ぶべき学校を、競争と差別の場としようとしています。真っ先に行なわれた施策が「いじめ」そのものである「高校無償化」からの朝鮮学校排除であるように、「いじめ」をなくすのではなく、教員を競争させ、序列化し、主体性をなくさせ、そのことによって、社会の中の「いじめ」を強化しようとするものです。人間は人との関係を結ぶことなしには生きていくことはできません。学校はさまざまな文化の多様性、価値観の多様性を尊重するところでなければなりません。人間が共同して生きていく社会を作りましょう。その手始めとして朝鮮学校に「高校無償化」を適用させなければなりません。

さらには、「高校無償化」制度は、各種学校までを対象としているために、文科省自身が大学受験資格を認めている、ということは文科省自身が高校と同じ課程であるということを認めているにもかかわらず、各種学校資格を持たないため、「高校無償化」制度から排除されているブラジル学校があります。このような学校にも「高校無償化」制度を適用しなければなりません。

そして、「高校無償化」だけでなく、これら民族学校・外国人学校は、それぞれの子どもたちの文化的ルーツを守る大切な場です。幼小中の段階の民族学校・外国人学校にも公的助成をし、さまざまな文化、さまざまな価値観を持つ人々が共に生きていける社会を築きましょう。橋下大阪市長が豪語するように、これらの学校を学校教育法や学習指導要領の下に置いて、日本人化の画一教育を強制するのではなく、逆に日本のすべての学校が安部教育政策から自由になっていかなければなりません。

（『インパクション』一八九号、二〇一三年四月）

〈日本の教育を襲う教職課程の再課程認定と危険な二つの教育「無償化」〉

いま、日本の教育を襲う二つの象徴的なことがある。しかし、二〇〇六年の教育基本法の改悪のようには人々には知られていない。

（一）教職課程の再課程認定

まず、二〇一七年度、日本中の大学が大騒ぎとなったが、大学関係者以外には知られていないことがある。それは、教職課程の再課程認定である。

もともと教職課程とは、「戦後の教育改革（中略）では教員養成を主とする学部だけではなく、他学部学生であっても必要とする単位を修得すれば教員となることができる開放的制度」（文部省、『学制百年史』）が取られ、そこで「必要とする単位」のことである。当初、中高の免許状でいえば、学科で学ぶ専門教科（教科に関する専門科目）と教職科目一四単位（教育原理、教育心理学、教科教育法、教育実習）さえ取得すれば、教員免許状が取得できた。さらに、一部教科（中学校音楽及び美術、高等学校数学、理科、音楽、美術、工芸、書道、農業、工業、商業、水産及び商船）については、教職科目の半数までの単位は教科に関する専門科目で修得することができ（逆にいえば、教職科目を減らすことができ）、高校工業にいたっては全教職科目を教科に関する専門科目とすることも可能であった。そして、一度、教職課程を設置した大学はそれを続けることが可能であった。

しかし、一九八九年と二〇〇二年に、教職科目に新たな科目が追加され、大学には「再課程認定」の申請が求められ、二〇一七年現在では中学校で教職科目三一単位にまでなっている。それでも、大学で専門教科を学び、教員免許状を取得したい者は、それに教職科目を合わせて履修し免許を取得するという構造は変わらなかった（ただし、現在の大学は履修単位数の制限も課せられているので、教職科目を履修すれば、その分、専門科目の履修可能な単位数は減る）。

二〇一七年度、「再課程認定」が改めて求められ、二〇一八年四月までに申請しなければならないことになった。しかも、これまでの「教科に関するもの」「教職に関するもの」という区分（二〇〇二年から「教科又は教職に関する科目」という区分も生じた）が廃止され、中学校でいえば、「教科及び教科の指導法に関する科目」、「教育の基礎的理解に関する科目」、「道徳、総合的な学習の時間等に指導法及び生徒指導、教育相談等に関する科目」、「教育実践に関する科目」で五五単位を取得しなければならなくなった（この他、「大学が独自に設定する科目」四単位が必要）。教科に関する専門科目がなくなり、全部が教職科目になったようなものである。しかも、英語の科目や、「教育原理」等においては、「コア・カリキュラム」という名称で、その科目で教える内容が指定されるようになった。申請にあたっては、日本の大学では二一世紀になるまで存在しなかった「シラバス」（たとえば二単位科目の場合、一学期一五回の授業内容を各回ごとに示したもの）によって、「コア・カリキュラム」の内容のどの項目が、授業のどの回で教えられるかを示して、この「コア・カリキュラム」の内容がすべて教えられていることを示さなければならない。大学教育に文科省の定めた「学習指導要領」が登場したのである。

大学の教員が免許状など必要としないように、これまで小中高の教員も専門の教科を深く学んで、それを子どもたちに伝えるという建て前であったものが、教員は専門の知識を必要としない。子どもたちにどう教え込めばよいかを学べということに変わったのである。教える内容は、文科省が指示するということである。

この教職課程は、各大学が二〇一八年四月までに申請し、二〇一九年二月に申請結果が通知され、二〇一九年度から施行される。二〇二三年三月にはこの課程で学んだ教員が誕生する。ある人はこれを「ロボット教員」の誕生と呼んだ。

## (二) 二つの教育「無償化」

二〇一九年一〇月の消費税増税の名目として、二〇一九年五月一〇日、さらに高等教育・幼児教育という二つの教育「無償化」法が成立しました（正式名称は「大学等における修学の支援に関する法律」、「子ども・子育て支援法の一部を改正する法律」）。これは、二〇一〇年の「高校無償化」が制度としては良くても運用の上で問題があったのと対比して、制度の上でも問題を抱えた「無償化」とはいえない「無償化」です。

### ア 高等教育「無償化」

まず「対象となる学校種は、大学、短期大学、高等専門学校及び専修学校専門課程（専門学校）」です。次の幼児教育「無償化」で顕著ですが、これまで「公の支配に属さない教育」（日本国憲法第八九条）として、補助金の対象となっていなかった個人立・宗教法人立幼稚園、専修学校等に、施設に対する補助金ではないですが、園児・学生の授業料として公費を投入することにより、これらの施設を救済しようという意図が明確に表れています（現に幼稚園においては、授業料を支給限度額まで引き上げる動きがあります―『東京新聞』二〇一八年一〇月二八日）。

高等教育「無償化」の「対象となる学生は、住民税非課税世帯の学生」です。この他、「準ずる世帯の学生」についても、段階的な支援があり、年収三八〇万円未満の世帯までが対象になります。

支援は、授業料等減免・給付型奨学金となっていて、国公立・私立、自宅生・自宅外生で減免や支給額の差がありますが、私立大・自宅外生の場合で、授業料約七〇万円、入学金約二六万円、奨学金年額約九一万円となります。実際の授業料は私立文系平均で七五万円ほど、私立理系の場合は一〇〇万円ほどです。多くの私大は授業料以外に施設維持費等の名目で三〇万円から五〇万円ほどかかり、実際には年額文系一〇〇万、理系二〇〇万かかるという実感ではないでしょうか。

額はともかく、問題は、この「無償化」が、すべての大学、すべての経済条件が該当する学生に対してのものではないことです。

学生については、「その学習状況について厳しい要件を課し、これに満たない場合には支援を打ち切ることとする。

・次のいずれかの場合には、直ちに支援を打ち切る。なお、その態様が著しく不良であり、懲戒による退学処分など相応の理由がある場合には支援した額を徴収することができる」として次の場合をあげています。

i　退学・停学の処分を受けた場合

ii　修業年限で卒業できないことが確定したと大学等が判断した場合

iii 修得単位数が標準の五割以下の場合
iv 出席率が五割以下など学習意欲が著しく低いと大学等が判断した場合
また、「次のいずれかの場合には、大学等が「警告」を行い、それを連続で受けた場合には支援を打ち切る」として、
i 修得単位数が標準の六割以下の場合
ii GPA（平均成績）等が下位四分の一の場合
（斟酌すべきやむを得ない事情がある場合の特例措置を検討）
iii 出席率が八割以下など学習意欲が低いと大学等が判断した場合

従前の奨学金の場合でも、確かに「退学（処分でなく、自主的な退学でも）・停学・留年」の場合は、停止（打ち切り）となることはありました。しかし、ここで、大学には学生の出席率の管理、GPAの管理が求められます。GPAは、多くの読者にはなじみのない概念だと思いますが、学生が得た成績で、Sは四点、Aは三点、Bは二点、Cは一点などと配点し、それに単位数をかけた合計を、学生が履修登録した単位数で割った成績の平均点のようなものです。

すなわち、この制度の適用大学となろうとするなら、大学は出席率の管理、GPAの管理を行なわなければなりません。それだけでなく、大学には次のことが求められます。

①実務経験のある教員による授業科目が標準単位数（四年制大学の場合、一二四単位）の一割以上、配置されていること。
②法人の「理事」に産業界等の外部人材を複数任命していること。
③授業計画（シラバス）の作成、GPAなどの成績評価の客観的指標の設定、卒業の認定に関する方針の策定などにより、厳格かつ適正な成績管理を実施・公表していること。
④法令に則り、貸借対照表、損益計算書その他の財務諸表等の情報や、定員充足状況や進学・就職の状況などの教育活動に係る情報を開示していること。

しかも、《経営に課題のある法人の設置する大学等の取扱い》として、「教育の質が確保されておらず、大幅な定員割れとなり、経営に問題がある大学等について、高等教育の負担軽減により、実質的に救済がなされることがないよう、（略）次のいずれにもあたる場合は対象としないものとする」とされているので、「無償化」の対象にならない（申請しない）大学は、教育の質や経営に問題があると評価されることになります。

文科省のこの手法は、かつての助教授を准教授と名称を変えた際、「助教授」を使っても良いが、その際は教員数としてカウントしないとしたのと同じです。あくまで、大学が自主的にやっていることだ。しかし、この制度に加わらなければ、社会的に認められないぞと脅して、教育面では、ＧＰＡや出席管理を強要する。教員には「実務教員」を入れろ、理事には産業界の人間を入れろという強要です。一方で、財務等の公開については、「法令に則り」として、これまで以上のことを求めてはいません。しかも、附則第一条の（施行期日）で、施行は消費税率引き上げ後の学年（四月一日）からとされる一方で、大学が上記の対象大学であるかの「確認」は、二〇一九年七月中旬に申請しなければなりません。消費税率引き上げがなされなければ、「無償化」は実施されない中で、大学は申請の対応のために、「実務」教員を入れ、外部理事を導入しという仕組みになっています。

### イ　幼児教育「無償化」

高等教育「無償化」は、これまで「高等教育」と認めてこなかった専修学校を含むなど、矛盾のあるものであっても、文科省の管轄の下にあります。それに対して日本の「幼児教育」は、文科・厚労両省、および認定こども園を管轄する内閣府の下にあります。就学前の同一年齢の子どもたちの育つ場が幼稚園と保育所に分けられている日本に特殊な制度を「幼保二元体制」と称します。そして、厚労省管轄の保育施設に関しては、児童福祉法に規定された保育所と、現実にはそれだけで必要が満たされていないために、認可外保育施設と称される多様な施設が存在します。そして少子化の中で、地方では幼稚園が成り立たなくなっていく一方で、都市においては保育所に入れない「待機児童」問題が叫ばれています。

このように多くの矛盾をかかえた現在の幼児教育を「無償化」するというのですから、幼児教育「無償化」はさらに問題をかかえています。

幼児教育制度が複雑なので、本制度にはさまざまな条件が付けられていますが、基本は「三歳から五歳までの全ての子ども及びゼロ歳から二歳までの住民税非課税世帯の子どもについての幼稚園、保育所、認定こども園の費用を無償化」するということです。すると、現在保育料はたとえば東京都中野区の場合、「世帯全員の区民税額」に応じて、階層A、BとC一からC三〇までの三二段階に区分されています。世帯全員の区民税所得割額が多いほど、保育料も高く、最高は三歳未満児の月額七万四七〇〇円から、A、B階層のゼロ円までとなります。すると、この制度では高額所得者（高額納税者）ほど、恩恵を受けることになります。そればかりではありません。「保護者から実費で徴収する費用（通園送迎費、食材料費、行事費など）については、無償化の対象とはならないものとする」とされているので、たとえば、これまでC一では一九〇〇〇円の保育料に含めて徴収されていた食材料費が実費徴収されることになります。

そもそも保育所の入所に際して、正規雇用されている人の方が入所の優先権が高いので、この制度により正規雇用者の子どもの入所が促進されると、非正規雇用者はますます子どもを入所させるのが困難になることも考えられます。

また、現在は多くの外国人学校が親の必要に応じて幼児クラスを併設しています。親が働くためになくてはならない制度です。しかし、「高校無償化」からの朝鮮学校排除への抗議の動きに懲りたのか、外国人学校幼稚部等は制度から除外されています。

教育の無償化は必要です。教育事業が金儲けの道具となっている現在の日本の幼児教育、高等教育は本当におかしな制度です。真に無償化するというなら、現在の小中学校のように基本的に誰でも入学できるよう公立の施設を整備した上で、好む者は私立の施設に入学するという形でなければなりません。それにもかかわらず、かつて高校急増期に私立高校に多くを依存した高校段階においては、子どもの減少によって、公立高校の間口が拡がり、そのまま定員を維持すれば、誰でも入学できるはずなのに、公立高校の定員を減らし、私立高校が成り立つようにしています。

それと同じように、複雑な制度をそのままにしておき、さらに制度的に不完全な施設も残したままで、名前のみの「無償化」を行ない、そして、これまで補助金のなかった、そのため、少子化の中で園児募集に苦労する個人立・宗教法人立幼稚園を救済し、大学には学生支援制度とは関係ない、大学教育への枷をはめようというのが、今回の高等教育・幼児教育「無償化」に他なりません。真の教育の無償化を。すべての大学生には給付型の奨学金を。そうでなければ、小中学校だけが「無償」で、子どもたちがむりやり学校に行かされるというのは理屈に合わない話です。

＊「幼保二元体制」は、世界では日本の植民地であった韓国と台湾のみでなされていましたが、台湾は幼保一元化しました。韓国では一九八〇年代からの「幼児教育振興法」等によって、両者を統合的に政策に組み入れるとともに、二〇一二年度からは五歳児課程を義務教育に組み入れる政策（「ヌリ課程」）を取り、別個の施設のままですが、五歳児については同一教育課程が行なわれています。

（『連続無窮』二一五号、二〇一八年八月三〇日、二一七号、二〇一九年八月三一日）

# 第四部
# 植民地清算とは何か

〈「平成の徴用三四万人」――正しい植民地清算を〉

二〇一八年一〇月三〇日、東京高裁が不当な朝鮮高校生敗訴判決を下したその日、韓国大法院（日本の最高裁判所に相当）は、日本による朝鮮植民地期に強制動員された元徴用工四人が新日鉄住金株式会社を相手に損害賠償を求めた裁判で、被害者の損害賠償を認めた差し戻し審に対する新日鉄住金の上告を棄却し、元徴用工一人あたり一億ウォン（約一〇〇〇万円）を支払うよう命じた判決が確定した。

本判決は、元徴用工の損害賠償請求権は、日本政府の朝鮮半島に対する不法な植民地支配及び侵略戦争の遂行と直結した日本企業の反人道的な不法行為を前提とする強制動員被害者の日本企業に対する慰謝料請求権であるとした上で、このような請求権は、一九六五年に締結された「日本国と大韓民国との間の財産及び請求権に関する問題の解決と経済協力に関する協定」（「日韓請求権協定」）の対象外であるとして、韓国政府の外交保護権と元徴用工個人の損害賠償請求権のいずれも消滅していないと判示した。

一方、日本の国内では、安倍首相が同日の衆議院本会議において、元徴用工の個人賠償請求権は日韓請求権協定により「完全かつ最終的に解決している」とした上で、本判決は「国際法に照らしてあり得ない判断」であり、「毅然として対応していく」と答弁し、日本国内のマスコミの多くも同様の論調を流した。

ここで注意しなければならないことが、二つある。

一つは、安部首相が「国際法」という言葉を使い、損害賠償に関するなにか普遍的な国際世界の理解があり、韓国がそれに反しているかの印象をふりまいているが、安部首相の言う「国際法」とは上の日韓請求権協定を指しているにすぎない。二国間の条約は状況の変化によって、変わるのが当然である。たとえば、もともと不法な「韓国併合に関する条約」がいつまでも有効なら、朝鮮はいつまでも植民地となってしまう。独裁国家が民主国家に変わったとき、新しい国家は独裁国家が締結した条約に縛られることはない（もっとも、韓国政府は上記日韓請求権協定を破棄しているわけではない）。

逆に、この問題を現在の国際人権法の水準からみれば、二国間条約によって被害者の人権が奪われて良いのかということが問われる。そこで、二つめの問題は、安部首相が「完全かつ最終的に解決している」とした問題である。

戦争や植民地支配の終了にともなって、人や財産の帰属の問題が生じる。よその国に出かけていって支配していた人たちは帰らなければならない。そのとき、置いていく財産がある。一方でまた、国家としては戦争や植民地支配に対する賠償もしなければならない。第二次世界戦争後、日本国はサンフランシスコ講和条約で戦勝国に対する請求権を放棄し、その後、個別に損害賠償を行なってきた。韓国はサンフランシスコ講和条約に参加していなかったので、日本国政府は一九五一年から交渉を始め、一九六五年に日韓基本条約を締結した。日韓交渉が一四年も続いたのは、日本側の代表の差別意識が最大の理由であった。しかし、冷戦構造の東アジアの中で早く日本と韓国とを結びつけたいというアメリカ合州国の力の下、日本からの経済援助によって朝鮮との対抗の中で優位に立ちたいという朴正熙（朴槿恵前韓国大統領の父）軍事独裁政権は、対日債権（朝鮮人の日本軍人・軍属、官吏の未払い給与、恩給、その他接収財産など）について、日本が「独立祝賀金」と「発展途上国支援」として無償三億ドル、有償二億ドル、民間借款三億ドルの供与及び融資を行なうことですませてしまった。有償、借款というのは、この後韓国が利子を付けて返すことになる。無償援助も日本企業による物資の提供で経済基盤整備にしか役立たない。結局、日本に対して債権を有する個々人にはほとんど支給されなかった。

この「請求権の放棄」について、日本国政府は一貫して「条約上は、国の請求権、国自身が持っている請求権を放棄した。そして個人については、その国民については国の権利として持っている外交保護権を放棄した。したがって、この条約上は個人の請求権を直接消滅させたものではないということでございます」（一九九二年　柳井俊二条約局長）と主張してきた。日韓条約で消滅したのは韓国政府の日本国政府に対する請求権で、個人請求権は消滅していないということである。これは、シベリヤ被抑留日本人問題に対する日本国政府の立場と関係している。抑留された人の日本国政府に対する補償要求について、日本国政府はこういう。日本国政府は日ソ共同宣言（一九五六年）によって政府間の補償要求はできない。外交的に日本国政府がソ連政府に補償要求できないが、日本人個人のソ連政府に対する請求権は消滅していない。どうぞ個人としてソ連政府に補償要求をしてください、ということである。その他のサンフランシスコ講和条約で請求権を放棄した国々に対しても同様である。「日本人のソ連政府に対する請求権は消滅していないが、韓国人個人の日本国政府に対する請求権は消滅している」では、論理的整合性が保たれないので、柳井条約局長の一連の発言が出てきた。

日本の裁判所もその考え方を取っている。中国人強制連行の西松建設最高裁判決（二〇〇四年）は一九七二年の日中共同宣言で「中華人民共和国政府は、中日両国国民の友好のために、日本国に対する戦争賠償の請求を放棄することを宣言する」としているから、中国は外交保護権を失ったけれども「中国国民が請求権を放棄することは明記されておらず、中華人民共和国政府が放棄するとしたのは『戦争賠償の放棄』にとどま」り、「請求権の『放棄』とは、請求権を実体的に消滅させることまでを意味するものではなく、当該請求権に基づいて裁判上訴求する権能を失わせるにとどまるものと解するのが相当である。したがって、サンフランシスコ平和条約の枠組みによって、戦争の遂行中に生じたすべての請求権の放棄が行われても、個別具体的な請求権について、その内容等にかんがみ、債務者側において任意の自発的な対応をすることは妨げられないものというべき」としている。つまり、労働者の債権は債務者が債務を履行しない限り消滅しないが、条約上、裁判に訴えることはできない、として請求そのものは棄却し、裁判はできないが、債務不履行の企業が債務を履行する、つまり、被害労働者に賠償するまで被害労働者の債権は消滅しないのだから、自主的に支払って清算することを勧告し、西松建設はそれを受け入れて財団を作って支払いをして清算・和解した。

朝鮮人労働者を奴隷扱いにした会社（新日鉄住金）は、一円の金も出しておらず、一九六五年の日韓基本条約でも一番の被害者の徴用工の人たちには何の補償も行なわれていないのであるから、今回の判決はきわめて当然なものである。

さて、この大審院判決についての日本国政府の姿勢、マスコミの姿勢は何に起因しているのだろうか。安倍政権は相変わらず、「対朝鮮独自制裁」なるものを振りかざして、朝鮮半島に平和が来ない方が良いという姿勢をとっているが、朝鮮半島をめぐる世界の趨勢は平和に向かって動き出している。日本国も早晩、朝日の交渉に踏み切らざるをえない。そのときに、一九六五年の日韓条約がそうであったように、日本国の植民地支配責任を認めず、被害者個人への賠償を拒否することをしようとしている。

さらに二〇一九年四月から、日本に外国人労働力を入れようとして、入管法が改正された。『東京新聞』二〇一八年一一月二四日の「時事川柳」に「平成の徴用三十四万人」という句があった。過去の正しい清算がなされなければ、外国人を再び人間ではなく、「労働力」として使い捨てる世の中が来るだろう。日本国の正しい植民地清算がなされなければならない。

（『連続無窮』二六号、二〇一九年二月二八日）

〈木村光彦著『日本統治下の朝鮮　統計と実証研究は何を語るか』（中公新書、二〇一八年）を批判する〉

標記の書籍は帯に「それは「収奪」だけだったか――。」の大きな文字を持ち、「まえがき」にはこうある。

日本統治下の朝鮮（一九一〇―四五年）で何が起こったか。この主題をめぐって、今までに数多くの本が書かれてきた。それらは通常、政治については弾圧、経済については搾取あるいは収奪、そして貧困化といった言葉で語る。（略）日本でも知識人は、多かれ少なかれこうした見方を共有し、それがまた社会的常識となっている。これに反する考え――たとえば、日本は朝鮮で善いこともした、きちんとした統治を行ったし、社会経済の進歩に貢献した――を表明するならば、そのひとは非難される。（略）（i頁）

そして、山辺健太郎著『日本統治下の朝鮮』（岩波新書、一九七一年）を取り上げ、次のように評価する。

この本は、山辺の思想にもとづく「はじめに結論ありき」の性格がつよく、内容的に著しくバランスを欠く。

本書ではそのようなイデオロギーを排し、実証主義に徹した朝鮮論を提示したい。論点は経済にしぼる。（iii—iv頁）

としている。しかし、本書の内容は、まさに「統計でウソをつく」、あるいは論拠をしめさないでウソをつくことに徹した書である。

ここでは、著者が「統計データの整備・分析の進展」（iv頁）と称する、本書に引用されたデータをもとに、本書の批判を試みたい。引用されたデータ自体は批判しない（データが記されていないことは批判する）。同じデータでも読み方が違うということを示したい。基本的に引用は「 」で示す。文中に差し込まれた［ ］は筆者の批判である。

本書の構成を示しておこう。

序章　韓国併合時―一九一〇年代初期の状態とは

1　朝鮮半島の自然条件

こうして書き写していても、かつての停滞論の焼き直しかと思われる内容に辟易させられる。また、「凡例」で、「本書では、日本の敗戦後の南北分断を念頭に、日本統治期の朝鮮半島にかんして、おおむね北緯三八度線を境として、以北を北朝鮮、以南を南朝鮮（簡単には、北、南）と呼ぶ」としている。これは著者の統計無視の姿勢を示すとしかいえない。いうまでもなく、三八度線は解放後にしかれたものでしかなく、解放前の諸統計等は、道など行政区域をもとにまとめられていた。著者が「統計データ」を豪語するなら、このような姿勢は取り得ない。

同じく、「凡例」に「日本統治期、朝鮮（人）にたいして日本（人）は内地（人）と呼ばれた。戦後の多くの書物はこれを踏襲せず、当時の内地を日本と記している。本書では歴史的用語を尊重する立場から、日本統治期については、地域（住民）を指す場合、原則として日本（人）を内地（人）と呼ぶ」としている。これまた、「歴史用語」を無視した暴論である。当時の文章の引用等においては、「歴史的用語」として、当時の言葉が使われても、それを現代から評価するものでなければならない。この著者の姿勢から、本書では「万歳騒擾事件」（一八頁他）が使用され、また、地名には日本語読みかなが右側にふられている一方で、まったく意味なく、寧辺には「ヨンビョン」と左側に朝鮮語読みカナがふられている（一三頁）。「鮮内消費量」（九二頁）、「渡鮮内地人」（一九九頁）等、朝鮮を「鮮」と略す蔑称も多用している。本書の引用にあたっては、これらの語もママを付すことなく引用する。

第1章　日本の統治政策

「韓国政府には、帝室債務と呼ばれる多額の債務（約二四〇万円）があった。これは、……国内債務で、……統監府の方針にしたがい、韓国政府は多数の債権者の支払い要求を拒絶し、一九〇九年、債務の大部分を切り捨てた。

対外資金の導入は一九〇五年に始まる。……

その後も、……日本（一部英仏）から借款が行われた。その結果、併合時までに韓国の対外債務はおよそ四六〇〇万円に増大していた。」（二五～二六頁）

その結果、「内部（官庁名）の経常支出では地方警察費、……度支部の経常支出では国債元利支払い突出して大きく」（二七頁）なったとされている。結局、日本支配のための費用を日本の資本によってまかない、日本への借金漬けにするというものであった。そして統監府が「反日武装闘争の鎮圧に多大な軍事費を要した」（二八頁）と日本の武力侵略のための経費をも「韓国経営費」と称している。

「併合」後の一九一四年には地税率を引上げ、地税収入を四割増加させた（三二頁）。一方、「内地との交易に関税は賦課されるべきではない」としながら、「内地側は朝鮮からの移入品にたいする関税を原則として廃止した。しかし朝鮮側では、同様の措置をとると大きな歳入欠陥が生じることから、移入税を存続させた」（三四頁）として、この後の朝鮮からの米の収奪を準備するとともに朝鮮人からの「関税」という名の収奪を行なっている。

同じく植民地初期の収奪は「酒税」である（三四頁）。農民にとって、自ら酒を醸すことは日常の暮らしであったにもかかわらず、税の対象とされ、また脱税容疑での拘束もなされた。

土地調査事業については、朝鮮における土地所有概念について述べることなく、「書類作成に不慣れであったり、場合によってはこの事業について知らされることがなかったため」を理由として、「無申告地や村落共有地は国有地に編入され」〔ここでは村落共有概念が登場している〕、「その後、農村内外の有力者（旧来の朝鮮人地主層や内地人）に払い下げられた」と「植民地収奪論の立場をとる研究者」が批判してきたとその批判の根拠や誰がという事も記さず、「近年の研究は、農民多数が土地を喪失したという事実はなく、この主張が誤りであることを明らかにしている」（四一頁）とのみ記している。

「治安の安定」として「朝鮮の治安維持費は一九一九年の万歳騒擾事件を機に増大したが、以後、三〇年代半ばまで安定していた」と記したすぐ後に、「総督府は、武断政治の強化あるいは恐怖政治（強制収容所や広範・稠密な秘密警察網をともなう）ではなく、それとは逆の宥和政策への転換を通じて、反日運動をコントロールし得たといえよう」（四四頁）とこれまた根拠なく、逆のことを記している。「治安維持費の増大」はどこにいってしまったのだろうか。

第2章　近代産業の発達

農業政策、いわゆる「産米増殖計画」については、「朝鮮人が新たな市場機会に反応したことは確かである」（五〇頁）と根拠もなく記している。これをいうためには、朝鮮人農民への配分が増加していることを示さなければならないはずであるが、そのような統計は本書のどこにもない。

そして「3　驚異的な発展と朝鮮人の参画」の見出しの下、多くの企業（日本資本）の朝鮮進出が記される。「工業化の進展は、欧米の植民地にはない特異なものであった。とくに、本国にも存在しない巨大水力発電所やそれに依拠する大規模工場群の建設は、日本の朝鮮統治と欧米の植民地統治の違いを際立たせる」（八五頁）と記されるが、それは欧米植民地と宗主国、日本と朝鮮の距離の違いを無視した暴論である。運輸が発達し「距離」が（比較的に）問題とならなくなった現代では、「多国籍企業」と称して多くの欧米（日本も）資本が遠く離れた国々の「工業化」をしているではないか。これらの資本に対して総督府の支援があったことは記されている（七二および七八頁他）。

一方、「産業発展に被統治者の朝鮮人が広く関与した」（八五頁）とされているが、朝鮮資本としては、朝鮮製糸、忠南製糸、京城紡績株式会社が記されるだけである。しかも、日本資本の進出には社長などの個人名が記されているにもかかわらず、朝鮮製糸については「旧韓国（朝鮮）貴族が一九一九年に創立」、京城紡績については「金一族」と記され、朝鮮人個人名は挙げたくないようである（七一頁）。そして、根拠もなく、「朝鮮に華人（支那《ママ》人、清国・中華民国出身者）がごく少数しか存在しなかった……もし彼らが多数存在したならば、朝鮮人が新たな事業に参入することはより困難になったであろう」（八六頁）と中国脅威論をかき立てている。

## 第3章　「貧困化」説の検証

この章は、「3　身長からみる生活水準の変化」に見られるように、根拠不明確な身長統計をもとに「身長データを指標とすれば、一九四〇年以前、一般朝鮮人の生活水準は大きく変化しなかった」（一〇六頁）と結論づけている。そして、「朝鮮の一人当たり米消費量」の減少から「消費生活の暗黒面」を説いた東畑精一・大川一司『朝鮮米穀経済論』（一九三五年）について、一九三九年追補版における統計修正［それでも明らかに「朝鮮の一人当たり米消費量」は減少している］をもとに攻撃している（九二頁）。

また「政府サービス」として教育と治安維持を挙げている（九五頁）。朝鮮における「治安維持」を「サービス」と称する厚顔無恥には述べる言葉がないが、教育については、少し言及しよう。

著者は「総督府は各地域に初等学校を開設し、多数の朝鮮人児童（一九三〇年代末、およそ一〇〇万人）がそこに通うようになった。……教育内容は、社会生活に有益な実用科目を中心に組み立てられた。今日、わが国の一部に誤解があるようだが、日本統治期、朝鮮の学校で朝鮮語の使用が禁止されたわけではない。ハングル学習は長らく必須で、朝鮮語が随意（選択）科目となったのは、戦時期に入った一九三八年である。……ハングル学習を含め、実用教育は朝鮮人の満足感を高めたであろう」（九五頁）と記している。

本稿はあくまで「本書に引用されたデータをもとに、本書の批判を試み」るものなので、評者の植民地教育への知見を基に批判を加えることはしない。しかし、著者自身も「朝鮮人の満足感を高めた」と記した直後に「しかし、総督府は国語を日本語とし、日本人への同化を教育の基本方針に置いた。それは朝鮮人の民族的尊厳を傷つけた。全体として、日本統治期の学校教育が朝鮮人の満足感をどれだけ高めたのか、当然、議論の余地がある」と記しているとおりである。最初の文章から朝鮮語は科目でしかなく、学校教育は日本語でなされたということが読み取れる者はどれだけいるであろうか。

第4章　戦時経済の急展開

戦時体制下、総督府の機構の拡張が挙げられ、人員増大をいい、「民族別には、内地人が五・六万人（四〇％増）、朝鮮人が四・六万人（九〇％増）で、朝鮮人の増加率がより高かった」（一一一頁）とされているが、当然その階層（高級官吏の構成）には触れていない。「治安維持費も増大している」（一一二頁）と触れられているが、理由を「警察業務が増えたからである。くわえて、経済統制が闇取引を誘発したため、その取締り業務が増えた」ことにし、抵抗運動を抑えるための治安維持の側面を隠蔽している。

「朝鮮成年層の戦時労働動員が始まったことから、総督府は次第に農村の労働力不足を問題視するようになった」（一一六頁、一二二頁にも同様の記述）というのは、まさに朝鮮人強制連行を示すではないか。

その後は、戦時経済のための軍事工場の「突貫工事」（一五六頁）の羅列である。著者は「朝鮮史の研究者の間では、朝鮮経済は戦時期、内地経済にいっそう従属するようになったという見解が多く見られる。しかし実際は、むしろ逆であった。

帝国日本は、長期戦に備え、朝鮮における「戦争経済」の構築のために、本国から自立した軍事・非軍事（繊維、雑貨、食料品など）工業の建設を企図したのである。政府は戦争末期、内地の設備や技術工の朝鮮移転を推進する計画を立て、一部を実行に移していた」(一六六頁)という。しかし、著者も小見出しに「工業―極大化する軍需生産」(一四二頁)と付けていた、その次のまとめがなぜ「自立的工業の建設」(一六六頁)とまとめることができるのか、評者には理解不能である。本書で強調されている朝鮮への資本の流入が言われても、興南のコンビナートが、まさに日本国内においては水俣病を引き起こしたチッソの朝鮮企業である朝鮮窒素によってなされたことに象徴されるように、それらの資本の流入はなんら朝鮮民衆の暮らしに役立つものではなく、人々の暮らしを脅かし、軍事的な役割しかはたさないものであった。

第5章　北朝鮮・韓国への継承――帝国の遺産

ここには、一九四四、四五年時点の発電能力、鉄道網、産業別電力消費量の表があるだけで(その際の北・南朝鮮という区分の問題は前述した)、解放後の経済統計はいっさいない中で、「3　北の長期停滞と南の奇跡的繁栄」が持ち出され、「朴政権のすぐれたリーダーシップ」(一八九頁)という言葉が掲げられている。また、「朴は反共であれば多様な価値観を許容した」(一八一頁)というそれ自体矛盾した言辞もある。

ここには、これまで資本の動向だけを述べてきた本書にしては珍しい記述がある。

「朝鮮統治が日本にどのような利害得失を与えたのかという問題である。……これに答えるのは簡単ではない。「日本」は経済的に同質の集団からなるわけではない。利益あるいは費用が生じたといっても、それは誰に帰属したのか。投資者（資本家）なのか、経営者なのか、労働者なのかなど、互いに利益・不利益が異なり得る。利害を異にする集団あるいは主体ごとに調べなければ、朝鮮統治の利益・不利益について正確な理解は得られない」（一九四頁）

そのような各層の不利益を「はじめに結論ありき」として切り捨ててきたのが、本書ではなかったか。

そして結論は、

「総合的にみれば、日本は朝鮮を、比較的低コストで巧みに統治したといえよう。巧みにというのは、治安の維持に成功するとともに経済成長（近代化と言い換えてもよい）を促進したからである」（二〇二頁）

ということになってしまう。

「朝鮮在住日本人は、軍人・軍属、官吏だけでなく民間人も、地位、財産をすべて喪失した」（二〇二頁）としている。解放後七三年が経過しても、著者の用語法に見られるように朝鮮植民地視、蔑視は継続し、植民地支配清算はなされないままである。日韓国交正常化交渉における高杉妄言（注）を日朝交渉を始めなければならない今、繰り返そうとしているのだろうか。解放後二〇年の韓国では植民地期に流入した資本も「資産」と呼べたかもしれないが、七三年経った現在では日本が朝鮮に持ち込んだものに価値などない。一方で、強制連行はじめ、人々に与えた被害はそのままに継続している。真の意味での賠償がなされなければならない。

山辺健太郎『日本統治下の朝鮮』から、一箇所だけを引こう。一九一二年の笞刑執行心得に関連する記述である。

「たとえば、綿花の栽培をやらせるときに、「郡庁に郡守を訪ねて御願致し、栽培者を物色して呼び出し、必ず播種するよう厳重に申渡して貰ったのです。ところが頑固でなかなか応じない。そこで郡守はこれに笞刑を命じ、始めは軽く打たせておりましたが、依然として承諾しないので、だんだんと強く打たせ二〇回臀部を打たせ大部局部が赤く腫れ上がった頃になりますと、いよいよ兜を脱いで播種することを承諾しました」。これは朝鮮農会の座談会で、実見者でありまた綿花栽培を朝鮮人にやらせた千葉喜千弥の談話である」（二二二頁）。

これも、統計だけに頼れば、「朝鮮人が新たな市場機会に反応したことは確かである」ということになるのであろうか。

（『海峡』二九号、二〇一八年一二月一〇日）

（注）「日本があと二〇年朝鮮をもっていたらよかった。植民地にしたというが、日本はいいことをやった。良くするために努力したが、戦争に負けたので努力がムダになった」（「日本の植民地支配はいいことをやった」『アカハタ』一九六五年一月一〇日）。

# エピローグ

〈ウリハッキョは私たちの故郷だ〉

「ウリ　ハッキョヌン　ウリ　コヒャンイダ（ウリハッキョは私たちの故郷）」の歌を聴きました。その歌は「ハラボジが話してくれた」から始まります。先日、朝鮮大学校の研究院でお話する機会を得ましたが、大学院生になっている学生の中に既に四世もいました。在日朝鮮人民族教育の数多くの業績と同時にその苦難の歴史の長さを思わずにはいられません。

中国朝鮮族の学生同士が漢語で話すので、なぜ朝鮮語で話さないのかと尋ねると、「朝鮮語だと相手との関係（敬語）を考えなければならないのがめんどうくさい」という返事でした。今から三〇年ほど前、アメリカ合州国の日系人（二世）を訪ねたとき、「ここの人たちはすぐスー（sue、裁判）するというのですよ」と英語を交えた話し方をしていたのが印象的でした。

フィリピン人母（日本人父）の子が、例えば自動車をぶーぶーというような日本語の幼児語を知らないことに出会ったときに、在日朝鮮人二世の多くが母国語である朝鮮語の幼児語を知らないことと対比して、一世がいかに朝鮮語を殺して、日本語で生きてきたかを感じたことがありました。

周囲の多数者の言語の持つ同化力は大きいものです。私の子どもたちも、親は香川と全く関係ない土地の出身ですが、香川の保育所、学校で育って、完全な讃岐弁を話します。多数者の言語の持つ圧倒的な力の中で、朝鮮語を保ってきた朝鮮学校、まさに「ウリハッキョは私たちの故郷」です。

今年（二〇一四年）七月七日の本紙「〈それぞれの四季〉隠さないで、あなたのこと」は、衝撃でした。ウリ幼稚園に通う娘と母がエレベータに乗っていると、同乗している女性に「どこ行ってきたの？」と尋ねられ、娘さんが「……おばあちゃんのうち」と答え、母に「ハンメチプってウリマルで言わなかったよ！」という話です。「日本人はチョソンサラム嫌いなんだよね。ナイショにしないと！」幼い娘さんの言葉です。私が大学院に通っていた三〇余年前、幼稚園に通う子がウリマルで名前はと聞かれたら本名を名乗り、日本人から名前を聞かれたら通名を名乗るという話を聞き、二世の友人からは、子どもが学校名を聞かれて、交流している日本の学校名を名乗ったという二〇年前の話を聞き、胸が痛みましたが、現在も変わらない日本社会の現実があります。

日本の学校にも数多くの外国の子どもたちが通ってきています。しかし、悲しいことにそれらの子どもたちの多くは、自分の民族性を殺し、亜日本人として生きることを強いられています。そして、自分をごまかすことに適応できない子どもに対しては、いじめが始まります。そのため、全国にブラジル学校が生まれ、ネパール学校まで生まれている日本の現実があります。もちろん、そのような日本の学校のあり方は変えていかなければなりません。変えるための活動に力を注いでいる先生たちも多数います。しかし、日本の天皇制教育（すなわち同化教育）の象徴の一つでもある「日の丸・君が代」に反対の意思を表明しただけで処分されてしまうという日本の教育行政の現状があります。

人間が人間であることを否定し、権力者に都合の良い奴隷を作りだすことを目指す日本の教育行政の下では、それぞれの民族性を持って生きることは否定されます。植民地下はもちろん、解放後の日本社会の中でも、日本国政府にとって朝鮮学校は継続して弾圧の対象であり、「高校無償化」からの排除に見られるように、それは現在に至ります。朝鮮学校が七〇年継続するための教員たちの努力、学父母の努力、同胞社会の努力、そして遠い道を通った子どもたちの勇敢な登校の努力はどれほど大きなものであったでしょう。私は植民地宗主国においての類を見ない輝かしい民族教育だと考えます。日本社会における朝鮮学校の存在は人権と民主主義の指針でもあり、平和の宝でもあります。

歌は「故郷には行けなかったけれど」と続きますが、私は、民族教育の道は朝鮮統一への道とつながる故郷への道であると思うのです。朝鮮学校の子どもたち、先生たち、学父母たちにエールを送ります。

（『朝鮮新報』二〇一四年一二月二〇日）

## あとがき

本書第一部は、もともと私が所属する日本植民地教育史研究会から、植民地教育について中学生にもわかるブックレットを出したい、そして私が専門とする朝鮮植民地政策は他の者が担当するので「植民地教育」の総論を書いてほしいという依頼を受け、準備したものです。

各国が植民地分割競争を行ない、戦争となっていた一九四三年に出されたベッケル著、鈴木福一・西原茂正訳『列国の植民地教育政策』（第一出版協会刊）は本文だけで五九二ページもある書物です。そのように国により地域によりさまざまな制度的違いを持つ植民地教育をブックレットでということで、すべての植民地支配国・被植民地を網羅して書くわけにはいきません。そこで、私自身が滞在した元被植民地、韓国・朝鮮（一九八三年から八四年）、ジンバブエ（一九九四年から九五年）の体験をもとに、その中で植民地教育政策としての共通点を抽出して記すことにしました。ただし、韓国・朝鮮にはその後、現在に至るまで継続して訪問していますが、ジンバブエには一九九八年の再訪以来、訪問していません。状況の変化もあるかと思います。

なお、当初のブックレット出版計画は出版社との条件が食い違い、いったん中止になり、のちに別の出版社から出版される話になりました。しかし、その出版社からは解放後の朝鮮学校が記されていることから難色を示されました。本文にあたっていただければわかりますが、私は日本の植民地意識は現在に継続していると考えています。現代日本は、韓国・朝鮮を対等な相手としてみていないのです。その大きな象徴が朝鮮学校ですから、決して省くことはできません。

そのような経緯で、一度は消えることになった本書を三一書房が出版してくれることになりました。そこで、私が植民地意識を解決していくために重要と考える人々との交流記録を添え、現在の日本の教育の問題点を論じ、歴史改ざん主義を批判することにしました。

本書の刊行をお引き受けいただいた三一書房・高秀美さんに深く感謝します。また、本書の文章は『朝鮮新報』はじめ、各種紙誌に掲載したものです。わかりやすい文章を書くように執筆の機会を与えてくださった各編集者に感謝します。

二〇二〇年二月八日（三・一独立運動に続く二・八独立宣言一〇一周年）

佐野通夫

佐野 通夫（さの・みちお）
1954 年、静岡県生まれ。
1984 年から 2009 年、四国学院大学、2009 年から 20 年、こども教育宝仙大学教員。
1983 年から 84 年、韓国・ソウルに、1994 年から 95 年、ジンバブエ・ハラレに暮らす。

◉主要著書
『近代日本の教育と朝鮮』（社会評論社、1993 年）、『アフリカの街角から』（同、1998 年）、『日本植民地教育の展開と朝鮮民衆の対応』（同、2006 年）、『子どもの危機・教育のいま』（同、2007 年）他。

植民地教育とはなにか
――現代日本を問う――

2020 年 3 月 1 日　第 1 版 第 1 刷発行
著　者―― 佐野 通夫 
発行者―― 小番 伊佐夫
装丁組版― Salt Peanuts
印刷製本― 中央精版印刷
発行所―― 株式会社 三一書房
〒 101-0051
東京都千代田区神田神保町 3 － 1 － 6
☎ 03-6268-9714
振替 00190-3-708251
Mail: info@31shobo.com
URL: http://31shobo.com/

ISBN978-4-380-20001-4　C0036　Printed in Japan
乱丁・落丁本はおとりかえいたします。
購入書店名を明記の上、三一書房まで。

# 『ヘイト・スピーチと地方自治体―共犯にならないために』

前田 朗

四六判 ソフトカバー ISBN978-4-380-19007-0

**ヘイト・デモやヘイト集会のために公共施設を利用する例が増えてくると、地方自治体がヘイト・スピーチを容認し、これに協力して良いのかという問題が意識されるようになった。**

**ヘイト・スピーチの「共犯」にならないために自治体はどうすればよいのか!?**

**川崎市が先陣を切った公共施設利用に関するガイドラインの策定も各地で相次いでいる。**

**ヘイト・スピーチが深刻な人権侵害を引き起こしている現在、自治体における取り組みをどのように考えるべきか!?**

**憲法、地方自治法、及びヘイト・スピーチ解消法に従って、どのような施策を講じていくべきか!?**

**諸問題について解説した入門書。**

●もくじ●



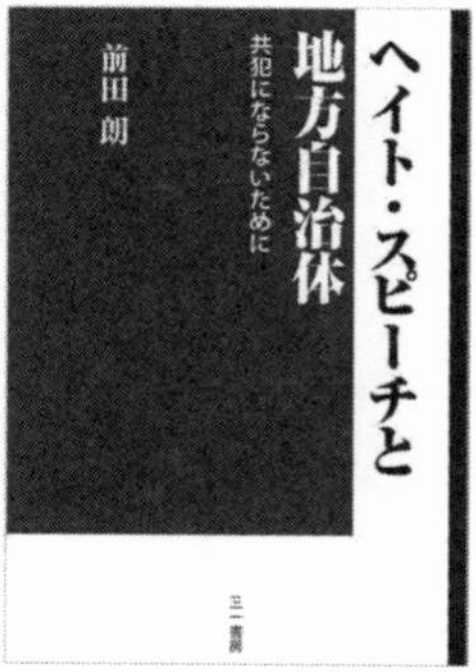

# 『遺言

## ―「樺太帰還在日韓国人会」会長、李羲八《イフィパル》が伝えたいこと』

長澤 秀

四六判　ソフトカバー　ISBN978-4-380-19005-6

1946年に始まるサハリンからの引き揚げ。だが対象は日本人だけ。

日本人妻の同伴者として、李羲八さんは日本への引き揚げを実現し、「樺太帰還在日韓国人会」を立ち上げる。

やがてサハリン残留朝鮮人女性を、国交のない韓国の高齢の母に会わせたいという李さんの執念が、大国ソ連を動かす。

韓国政府もできなかったことを一民間人が実現し、その後、何千何万人の人が続く前例になった。

「道なきところに道を作った」李羲八さんへの貴重な聞き書きと関連資料集。

●もくじ●



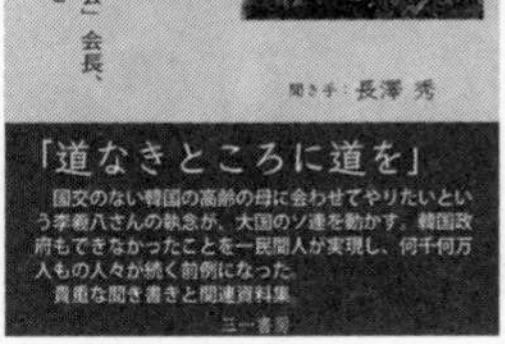

## 『今、在日朝鮮人の人権は
## — 若手法律家による現場からの実践レポート』

朝鮮大学校政治経済学部法律学科創設20周年記念誌刊行委員会 編著
四六判　ソフトカバー　ISBN978-4-380-19009-4

**政府の意図によって、在日朝鮮人への政治的弾圧、経済的制裁が横行する日本社会。その中にあって朝鮮大学政治経済学部法律学科は創設20年を迎える。厳しい状況の中で法律家となり活動する卒業生が、同胞の人権問題に取り組み、闘い、展望をつくり出してきた報告。**

●もくじ●